死縁怪談

しえんかいだん

橘百花 著

竹書房文庫

目次

※本書に登場する人物名は、様々な事情を考慮してすべて仮名にしてあります。また、作中に登場する体験者の記憶と体験当時の世相を鑑み、極力当時の様相を再現するよう心がけています。現代においては若干耳慣れない言葉・表記が登場する場合がありますが、これらは差別・侮蔑を意図する考えに基づくものではありません。

4

知らない男

「自分か母のどちらに憑いてきたのか、よく分からないんです」

瑠璃さんは、三十代前半の頃に今までと少し違った金縛りに悩まされた。


眠っていると深夜に目が覚め、身体が動かない。

これはいつものことで、嫌なのはそこからだ。

彼女の眠っているすぐ横に男が立っている。

眼鏡を掛けたサラリーマン風で、髪は乱れていた。

貧相な顔をしており、全く面識のない相手だ。

『交わりたい』

男はしきりに願望を押し付けてきた。

何故自分のところに出てくるのか分からないが、女性を狙っているのだと思った。

彼の言う『交わりたい』とは実際に身体を交えたいという意味ではなく、彼女のことを攻撃したいという意味であるようだった。

それも、殴る蹴るといった直接攻撃ではない。
彼女の身体を触る。撫でる。
その都度、鳥肌が立った。
そうされることで男の何かが伝わり、身体の中へ入ってくる感じがする。
(これが男の言う『交わる』――攻撃になるのか)
瑠璃さんには男が悪の塊で、それを実体化したもののようにも思えた。
〈交わる〉ことで、彼女に何か道を踏み外させようとしているのではと感じた。
この金縛りに遭うとき、助けが入ることがあった。
もう一人。
男とは全く別の誰かが現れることが稀にあったのだ。
こちらは怖いというより、尊さを感じる。
イメージするのは強い光。エネルギーの塊のようなものだ。
眩しいということはないが、それが何であるかはっきり認識できない。
その尊いものは、男をピンッと指で弾くようにして簡単に消し飛ばしてくれた。
他にも十匹の黒い犬がいた。
いずれも中型犬くらいの大きさ。具体的な犬種は分からないが、毛足は短い。

彼女の家では、ペットは猫しか飼ったことがない。

この犬達も彼女を守っているようで、男を取り囲み追い出してくれた。

尊い存在と犬達が守ってくれるようになり、少しだけ金縛りと男からの攻撃が楽になってきた頃のこと。

深夜、再び金縛りにあった。

あの男がいつものように傍らに立っていたが、その日は十四の犬達が、彼女の周りに待機していた。

男が彼女の身体を触ろうとすると、犬達はそれを取り囲み、追い出しにかかる。

いつもはこのまま消えてくれるが、この日は少し違った。

男は小さな白い物を服のポケットから取り出した。

蚕(かいこ)の幼虫だ。

男はそれを犬達に食べさせようとしている。

これにどういった意図があるのかは不明だが、嫌な予感がした。

犬達はそれを口にしないどころか、そのまま男を追い返した。

(この犬達のお陰で助かった)

やはり守られていると実感する。
男が来ても、もう大丈夫だと安堵した次の日、事態は急変した。

その日の深夜に現れた男は、武器を持参していた。
手にしていたのはチェーンソー。
男はそれを振り回し、犬を攻撃し始めた。
「あ、やられた。可哀そう」
金縛りのせいで動けない。
助けることもできずに犬が殺されていくのを見ていた。
この日、数匹の犬が男に殺され、目の前で消えていった。
そうなると朝が来るのを待つか、そのまま眠るしか逃げ道はない。
気が付くと朝になっていた。

攻撃される。守られる。
深夜の金縛りを巡る戦いは、数年に亘って続いた。

8

死んでもやめられない

会社員の尾鈴さんは喫煙者だ。

勤務中に煙草を吸う際は、社内にある喫煙スペースを利用する。

その日もいつものようにそこへ向かった。


喫煙スペースの入り口は、ガラス扉になっており中がよく見える。

中では数人の男性が煙草に火を点けていた。

入り口付近には誰もいなかった。

尾鈴さんが扉を引いて中に入ろうとしたとき。

「……すみません」

小さな声がした。

男性の声だ。

声は喫煙スペースの中から聞こえた。

先に外に出ようとした人がいて、自分がその人の行く手を遮(さえぎ)ってしまったのでは――と尾鈴さんは思った。

「あ、こちらこそ。すみませ……」

そう返しつつ顔を上げたところで、言葉が途切れた。

彼女の目の前に、ヤニ色の煤けた人形が立っている。

目鼻の造作は分からない。というより、顔を形作るものが一切ない。

その人形は申し訳なさそうに身体を小さくしながら、こそこそと彼女の脇を抜け、何処かに消えていった。

同じ喫煙仲間だから理解できる。

「死んでも煙草は、やめられない」

10

夜道でダンス

冬の寒い日のことだ。
文香さんはゴミ出しのために玄関を開けた。
振り返って室内の時計を見ると、日付は既に変わっている。
ゴミ捨て場は、道路を挟んだ向かい側の電柱の下にあった。
彼女はアパートの二階で家族と暮らしている。
深夜のゴミ出しは禁止されていたが、どうしても済ませてしまいたかった。
パジャマの上にコートを羽織り、静かに階段を下りる。
吐く息が白い。
(とにかく人目には付きたくない)
一階に下りると、誰もいないことを確認してから道路に出た。

ゴミ捨て場までは数十メートル。
その少し手前の電柱の下に人がいることに気が付いた。

先ほど確認した際は気付かなかった。
文香さんはすぐに足を止めた。
この辺りは住宅街だが、外灯もそれほど多くない。
電柱に付けられた明かりの下で、その人は踊っていた。
全身が黒い。ガッチリとした身体付き。背も高い。男性のようだ。
身体の表面がのっぺりとした印象で、黒い全身タイツで覆っているようだと思った。
柔らかく、流れるような動きで踊る。
ゆっくりと体幹をしならせる動きが日本人離れしていた。
背中や首、腕の動きも素晴らしい。
(随分と御機嫌だな)
見ているこちらも少し楽しくなった。
踊る人の傍らには、二階建ての小さな白いアパートがある。
古くて家賃の安いアパートだ。
その一室に肌の黒い外国人が暮らしているのは、以前から知っている。
車の中古販売を手掛けている御夫婦で、いつも来客が多く人の出入りが激しい。
特に親しいという訳ではないが、この辺りでは目立つ御夫婦だった。

近隣住民とのトラブルは特に聞かない。

「あの旦那さんかな」

のんびりした性格の文香さんは、単純にそう思った。

(ゴミ出し、どうしよう)

ゴミを出すにはその人の近くを通らなければならない。

黒い人は、ゆっくりと同じ動きを繰り返していた。

さすがに声は掛けにくい。

無視しようかと迷っていたとき、ふと気付いた。

黒い人には目鼻口がない。見えないのではなく付いていない。

身体も幾ら暗闇の中とはいえ、頭の先から爪先まで真っ黒に見えることはないはずだ。

(人間の肌の色が、あんなに黒い訳がない)

文香さんは踊る人からできるだけ距離を取って通り過ぎ、投げ出すようにしてゴミを出した。

そして、そのまま引き返し、急いで階段を上って部屋へ戻った。

(あれは、人じゃない……人じゃなかった)

男とすれ違ったときのことを思い返す。
人というより、人の形をしただけの黒い物体。
そんな感じのものだった。
それを見たのはこのとき一度きりで、その後は現れなかった。

14
重なり

咲良さんが十歳の頃、引っ越した。

新しい家にまだ慣れていないせいか、この当時の咲良さんはやや精神的に不安定だった。


夜中、ふと目が覚めた。

天井が見える。仰向けに寝ているのだなと思った。

身体がふわふわと軽い。

やや不安定で宙に浮いているようだった。

初めての感覚に驚いていると、自分の身体の下に誰かが横になっている。


「やだ。何でお母さんが私の下で寝ているの？」

彼女は仰向けで寝ている母親の身体の上に、自分が重なるように乗って寝ていると思った。

冷静に考えれば母親は別の部屋の布団で眠っているのだから、こんなことにはならない。

（お母さん、重くないのかな）

下の人は全く動かなかった。

両手で下のほうを触ろうとしたが、布団に触れない。

そこでやっと自分が三十センチほど、本当に宙に浮いていると分かった。

「だからこんなに身体が軽いんだ」

妙に納得した。

咲良さんの下に寝そべっていたのは、母親ではなく彼女自身の身体だった。

朝になり、何事もなかったかのように目が覚めた。

今まで以上に身体の重さを実感する。

そこでようやく、昨晩のあれが所謂（いわゆる）〈幽体離脱〉だったと気が付いた。

16
姉の部屋

近江さんは父、母、弟の四人家族だ。

彼女が社会人になる前。

まだ実家で暮らしていた頃の話になる。


当時、近江姉弟はそれぞれに別々の部屋を使っていた。

どちらも家の一階部分にある。

近江さんの使っていた部屋のすぐ裏は林で、弟の部屋は廊下を挟んだ向かい側だ。

弟は彼女の部屋を徹底的に避けている節があった。

お世辞にも〈女らしく可愛らしい〉とは言い難い部屋であったとはいえ、弟の好きそうな漫画本がたくさん置かれている。

勝手に入られても困るが、彼女が呼んでも絶対に中に入ろうとはしなかった。


以前、近江さんの家の裏の林で、女性の遺体が見つかったことがある。

自殺だった。

恐らく首を吊ったと思われるが、発見時、遺体は地面に横になっていた。

しかも亡くなってから少し経っており、腐敗が進んでいた。

この辺りに住む人間ではない。

住宅地の中にありそれほど深い林でもないこの場所を、何故わざわざ死に場所に選んだのかは分からなかった。

近江さんは遺体から一番近い部屋で暮らしていたが、全く気が付かなかった。

発見したのは、当時、近江さんの家の隣に住んでいた主婦である。

腐敗の進行した遺体を見たことが随分と衝撃的だったようで、隣の夫婦はそれから間もなく引っ越してしまっている。

以来、弟はますます姉の部屋を避けるようになった。


一度そのことについて訊ねたことがある。

「姉ちゃんこそ、よくあそこで暮らせるよな」

弟はそんな感じで、むしろ姉のほうを不思議がった。

遺体が見つかったことがそんなに怖いのかと問うと、そんなことではないと弟は首を振った。

「だって姉ちゃんの部屋から、いつも変な叫び声が聞こえるんだよ」

それは女性の断末魔のようだったという。

「そんなの気味悪いだろ。だから入りたくないんだよ」

近江さんは一度もそんな声を聞いたことはない。

何も知らずにずっと生活していたのかと思うと、急に怖くなった。

その後、「何故、もっと早く言わないのか」と弟を詰り、大喧嘩になった。

従弟の背後

会社員の常盤さんの暮らす家は、中部地方南部の海沿いにある。

結婚後は両親と別々に暮らしているが、お盆は毎年実家へ顔を出す予定だ。

常盤家では、本家に親族達が集まる決まりがある。

この日は自分の家族を残し、一人で実家へ顔を出すことになった。


彼が着いたときには、既に酒盛りが始まっていた。

挨拶を済ませ適当な場所に座ると、久しぶりに会う従弟がいた。

当時、従弟は語学留学中だったが、一時的に帰国していた。

夕飯を済ませ日付が変わる時間帯になると、彼ら以外の親族達は別の部屋で眠り始めた。

仏壇のある大きな和室に残された二人は、思い出話に花を咲かせた。

明かりが点いているのはこの部屋だけ。周囲には虫の声が響いていた。

最初は留学先での話を聞いていたが、徐々に従弟の恋の話になった。

話の中で従弟は自分の武勇伝を語り始めた。

従弟は見た目も悪くないし、話も面白い。

昔から女性に不自由していなかったせいもあってか、女性関係については若干緩いところがある。

それは中国へ留学しても変わらずだった。

二股は当たり前。

酷いのは別れ方である。

あっさり捨てることもあったが、相手のほうから別れを切り出させるためにわざと冷たい態度を取ってみたりもする。

女性のほうにしてみれば、どうしても別れたくない。そのため、振り向かせようとあれこれ努力する。無理だと悟っても別れることができず、時間を掛けて悩み、縋る。

それを見ているのが楽しいようだ。

そんなことを数えきれないほど繰り返し、遊んだ。

「ゲームじゃないんだから、もう少しちゃんとしたら」

常盤さんは説教をしたが、従弟は反省しない。

煩そうに常盤さんを見た。

「何がいけないんです……アァッ」

話の途中で、従弟が奇声を発した。酷く驚いた表情をしている。

従弟の声に、常盤さんも驚いた。

「おいおい、もう遅い時間なんだから大声は駄目だよ」

「今……常盤さんの後ろを、大きくて黒い影が横切ったのが見えて」

従弟も最初は怯えた表情をしていたが、すぐに興奮し始めた。

影は大人の背丈くらいの大きさがあった。

「俺、幽霊とかそういうの見るの初めてなんですよ」

従弟は怖がるどころか嬉々としている。

(話し声で親族の誰かが起きてこちらを見にきたのかな)

常盤さんは冷静だった。

さり気なく自分の背後を確認したが、それらしい人物も影も見当たらない。

お盆の深夜に――しかも仏壇のあるこの部屋で、そういう冗談など堪ったものではない。

従弟の見間違いか、気のせいだと思いたかった。

それから暫くしてから。

今度は妙な音がした。音は家の中、この部屋で響いた。

生木の裂ける音に似ている。

音の出所が具体的に何処なのか分からない。

天井や柱に異変は感じられない。

「これって『ラップ音』とかいうやつじゃないですか」

従弟が更に喜んだ。

音は止まない。

建物が軋(きし)んでいる音かと思ったが、違う気がする。

さすがにこれはおかしいと常盤さんも感じた。

(自分は年上で既婚者だ。ここはしっかりしなければ)

落ち着かない様子の従弟を眺めながら、冷静な振りをした。

この部屋から移動しようか。もう寝てしまおうか。そんなふうに迷っていると、今度は外から音が聞こえた。


この家の周りには玉砂利が敷いてある。

その石を踏む音がする。

ゆっくりと誰かが石の上を歩いているようだ。

最初は小さかった音が、徐々に大きくなった。

日付はもう変わっている。

訪問者が訪ねてくる時間ではない。

石を踏む音は、家の周囲を巡り、二人のいる部屋の窓の外でピタリと止まった。

侵入者の類なら、明かりの点いているこの部屋の前には立たない。用があるなら玄関のほうへ向かうのが筋だ。

部屋のカーテンは閉められ、外は見えない。

その窓の前には感知式のライトが設置されていたことを思い出したが、全く反応していなかった。

先ほどまで喜んでいた従弟も、急に黙ってしまった。

常盤さんもどうしたらよいか分からない。

二人は、その場から動けなくなった。

それから黙ったまま時間だけが過ぎる。

玉砂利を踏む音が止まっているなら、相手はそこから動いていない。
じっと窓の外に立ったままということになる。
常盤さんは、部屋の中を見渡した。何とかして気持ちを紛らわせたかった。
先祖の遺影など見たくない。なのに、こんなときに限って仏壇に目が行ってしまう。
（蝋燭(ろうそく)の火は消してあるな）
余計なことばかり気になった。
仏壇の下のほうに何段か引き出しが付いている。
その引き出しの一番下から妙な気配がした。
そこに何がしまってあるのかは知らないが、確実に良くない物が入っている気がする。
（開けようか。いや、止めておいたほうが……）
どうしたものかと思った常盤さんは、従弟を見た。
彼は仏壇は気にも留めていない。
ぼんやり座っている従弟の背後に、黒く丸い形状の何かが動く。
それには髪の毛が生えていた。
黒い……人の髪の毛。――女の頭だ。

それに気付くと同時に、外から女の呻き声が響いた。

二人は窓のほうを見たまま座り込んでいる。カーテンを開ける勇気はなかった。

結局朝まで、その部屋で過ごした。眠る勇気もなく、ただずっと起きていた。

従弟の背後に女がいたことは最後まで伝えられなかったし、仏壇の引き出しも開けられなかった。

だが後日——。

従弟は留学先の中国で、占い師からこう指摘された。

「あなた　後ろ　女の人　憑いてるよ」

伯父の業

衣笠秋成さんは、幼い頃から他者には見えないものが見えた。

小学校に上がる前。ある方にその力を封じてもらったが、中学二年生のときに再び見えるようになった。

父親は衣笠家の長男であり、母親の旧姓は鬼頭という。


鬼頭家は東北の片田舎にある。

広大な土地を所有。あまりにも広過ぎるため、管理し切れないほどだ。

そこには雉(きじ)や狐。梟(ふくろう)や啄木鳥(きつつき)などがおり、ごく稀に熊も出た。

蛇や狐は信仰の対象であり、一族から大切に扱われている。

百二十人もの小作人に田畑用の土地を貸し、小作料を取った。

広大な敷地と資産。

家を継いだ祖父は、懸命に働き更に財を成した。

秋成さんの母親は、鬼頭家の五女になる。

祖母が最初に授かった子供は流産している。その後、長女と長男を儲けたがどちらも亡くなった。

長女は三歳で病死。その一年後に、長男も病死した。


祖母は元々、信心深い人だった。

子供達の死には何か理由があるのではないかと考え、何度も寺に足を運んでいる。

その後、次女を儲けた。

この子も大変身体が弱く、寝込むことが多かった。

「この子だけは、どうか」

祖母は必死に生きることを願い、守るように育てた。

次女が布団で横になっていると、度々死んだ長女が枕元に立つことがあった。

家の敷地内には狐塚がある。

そこにはとある稲荷と関連のある狐がおり、次女を守っていると死んだ長女は教えた。

その後生まれた三女と、彼の母親となる五女も、それぞれに家と関係があるものが守っている。

こういった、少し変わった話が鬼頭家には多い。

次女はその後、無事に成長した。

年頃になると、周囲の勧める相手と結婚をするが暫く経ってから出戻ってきた。

嫁ぎ先と折り合いが悪く、うまくいかなかったのだ。

次女が、実家である鬼頭の家に戻って間もなくのこと。

衣笠家の祖父の弟――秋成さんの大叔父が、転がり込むように鬼頭家に婿入りした。

秋成さんの伯母である鬼頭の次女と結婚したことで、『大叔父』は『伯父』になった。


この伯父も幼い頃から身体が弱く、衣笠家では厄介者扱いだった。

家は代々武士の家筋であり、身体の弱い者と頭の悪い者は不要とレッテルが貼られる。

惨酷なことかもしれないが、そういった流れが当時も強く残っていた。

病弱なせいで、いい歳になっても嫁が見つからない。独り立ちして家から出ていってほしいがそれもしない。

成人してからも随分と肩身の狭い思いをしていたようだ。

長い間「要らない人間」として扱われた伯父は、婿入りすることで家から追い出された。

衣笠家に厄介払いされたのだ。

伯父夫婦にこのような経緯があることは、秋成さんもよく知っている。

身体が弱いという理由だけで虐げられてきたなら『可哀想な人』になる。鬼頭家に入って幸せになれたならそれでいい話だが、伯父はそれだけの男ではない。

伯父が鬼頭の家に入ったのは、財産目当ての部分が大きい。

家の財力、名誉、権力を狙っての婿入りは明白だ。

鬼頭家の長女と長男は病気で他界している。

次に生まれた次女と結婚したことで、欲しいものをほぼ手に入れた。

その辺の事情もあり、秋成さんの目に伯父夫婦は少し変わった存在に映った。


秋成さん家族には、毎年夏休みの恒例行事がある。

家族が揃って、東北にある鬼頭の祖父母の元で一カ月ほど過ごすことだ。

この家では伯父夫婦も一緒に暮らしていた。

優しい祖父母は、義理の息子になる伯父を大変可愛がった。

結婚後、彼は祖父の資産を元手に事業を始める。

土木、建築業だ。

実の娘である次女の為もあるが、身体の弱い伯父を気に掛け祖父が力を貸したのだ。
家の敷地内に会社を用意した。
事業はすぐに軌道に乗り、従業員は六十人を超える規模となる。
伯父はこの地方ではそれなりの名士として名を馳せた。

秋成さん、中学二年の夏。
再び見えるようになった彼は、鋭くなった感覚に悩まされていた。
見えるだけでも辛く、日常生活に大きく影響する。
家の中も、路上も、学校も、心が休まる場所がない。
当時は見えるだけでなく、他人の考えが勝手に頭に流れ込んできた。
他人の腹の底で思っていることが、はっきりと聞こえる。
それは口に出せない負の感情が多く、嫌気が差すものばかり。
耳を塞いでもどうにもならず、対処のしようもない。
毎日が嫌で堪らなかった。
その年の夏休みも、祖父母の所へ行くことが決まっている。
内心それどころではないが、断ることはできなかった。

両親は仕事の都合もあり、先に秋成さんが一人で東北へ向かうことになった。

最寄り駅までは、伯母が車で迎えに来てくれる予定になっている。

駅に着くと、車の横で手を振る伯母の姿が見えた。挨拶を済ませ、車に荷物を載せる。

そこから伯母とちょっとしたドライブを楽しんだ後、祖父母宅へ向かう予定だった。

家に入る前に伯父の会社に顔を出し、挨拶を済ませなければならない。

家の敷地内に着いて早々、従業員達が彼を見かけ頭を下げた。

「若様、お久しぶりです」

その声があちこちから飛んでくる。

「こんにちは」

会釈しながら大人達が頭を下げる間を、秋成さんは足早に抜ける。

「若様」という呼ばれ方は、何度来ても慣れない。

そのまま伯父のいる社長室へ向かった。

「久しぶりだな。よく来たな。ゆっくりしていきなさい」

伯父は多忙なようで、「あまり構ってあげられない」と詫びた。

終始伯父は笑顔だった。口調も柔らかい。

態度からは彼を歓迎しているように見えるが、本心からとは限らない。

伯父の態度には、妙な違和感があった。

〈これで自分が死んだ後は大丈夫だ。あれは金庫の奥にしまって……いや、それでは見つかるかもしれない。貸金庫にしまったほうがいいな〉


確かに伯父の声だった。

ざらりと纏わりつくような、嫌らしい言い方だ。

(伯父さんが死んだ後？　何が大丈夫なの？)

目の前にいる伯父は、そんなこと口走っていない。

すぐにそれが、彼の心の声だと気付いた。

伯父は秋成さんに対し、以前から好意は持っていないように思う。

衣笠家の正統な跡取りである彼を突き放しているところがある。前々から金や地位にこだわる人で、祖父の下で大人しくしているようなタイプでもない。

(伯父さんが隠れて何かしたんじゃないか……)

心の声が聞こえたとして、一体何を金庫にしまおうとしているのか。これだけでは意図が読めないが、何か良くないことに違いないのは分かる。

（直接問いただしても、誤魔化されるに決まっている）

伯父の前では、何も気付いていない振りをした。

優しい祖父母に何かあってからでは遅い。

そこで伯父に悟られないように、心の内を覗こうと決めた。


伯父は最近、祖父の財産を無断で名義替えしたようだ。

彼は病弱だが、その分切れ者になる。祖父に何の断りもなくやったようだ。

必要な書類印鑑等を揃えるのは容易だ。

伯父の性格なら、やりかねない。

その後、自分の遺言書を作成。

それを貸金庫の奥にしまっておこうとした。

『自分の財産は全て妻や子にではなく、自分の実家である衣笠家のものとする』

この遺言書だと伯父の死後、全ての財産を鬼頭家から取り上げることになる。

彼がどのような方式でこれを残しているのか。実際に効力があるのかはこの段階で判断できないが、誰もが納得できる内容ではない。

自分を追い出し、婿に出した家の為に何故そこまでするのか。それは伯父にしか分からないことだ。

全てが自分の思い通りに運んだことがよほど嬉しかったのか、伯父の考えを読むことは容易かった。

もちろんこれらは直接聞いた言葉ではないし、証拠を出さなければ悪事の証明にはならない。

遺言書の確認は更に難しい。

祖父は秋成さんのことを、良く理解している。話せばこれらが全て嘘ではないと信じてくれるはずだ。

それでも伯父を可愛がる祖父に、こんな話をしていいものか悩んだ。


その後、伯父と別れてから祖父母のいる家へと向かった。

祖父母は久しぶりに見る秋成さんの成長を喜び、歓迎した。

まだ明るい時間だったこともあり、祖父は畑を見に行くと家を出た。

優しい祖父が大好きだった彼も、一緒にそれに付いていくことにした。

畑に着き、祖父の背中を見ているうちに、先ほどの件を話したほうがいいのではと思った。

（あのことを話すなら、祖父と二人だけのときがいい）

何度も迷ったが、結局話そうと決めた。

「祖父ちゃん……伯父さんが勝手に財産の名義を換えて、全部自分の物にしてしまおうとしているよ」

それでいいのかと問う。

祖父はそれを聞いて、酷く驚いた表情をした。

「どうしてそのことを……」

実際に伯父は、名義替えをしていた。

祖父はそのことを既に把握していたが、誰にも話していなかった。

隠していたことを秋成さんに指摘され酷く驚いたようだ。

伯父がそれを行った際、おかしいと感じた役場の人間が直接祖父に連絡を入れている。

大事にする訳にもいかず、祖父はそのことを自分の胸にしまっていた。

「伯父さんは、遺言書も用意してるよ」

それを伯父が貸金庫の奥に隠していると教えた。書かれた内容に関しても伝えると、祖父は言葉を失った。

そんなものを用意しているとは思ってもいなかったし、何より内容があまりにも酷いものだったからだ。

祖父は暫く考え込んだ。それからゆっくりとこう言った。

「秋成、何故それが分かったのか」

「伯父さんの考えが読めちゃったから」

「そうか……」

祖父は苦渋に満ちた表情を浮かべていた。

「他の誰かに教えたか」との問いに、秋成さんは首を左右に振った。

まだ祖父は他の家族に名義替えに関して話してない。

「秋成、絶対にこのことは、誰にも言うな」

最後にこう言われた。


(何も知らない振りをしないといけない)

祖父との約束もあり、その後は何も知らない振りをした。

それでも伯父を見る目は変わる。

自分ではうまく隠していたつもりだったが、伯父も馬鹿ではない。

彼のちょっとした変化を見逃さなかった。

秋成さんの両親が、東北へ来る前日。

伯父は彼が一人でいるところを呼び止めた。

嫌な予感がした。

社長室に連れていかれると、そこで問い詰められた。

「おい、お前、何を知ってるんだ。教えろ」

完全な命令口調だ。

(悪いことをしているのは伯父さんのほうじゃないか)

こちらを責めるような言い方に、黙っていられなくなった。

「伯父さんは祖父ちゃんの財産を無断で乗っ取ったよね。遺言書で全ての財産を、衣笠の実家に流すって何?」

この言葉に、伯父の顔色が一瞬で変わった。

血の気が引いた青い顔をしている。

その顔がすぐに赤くなったかと思うと、握った拳を小刻みに震わせた。

(何でそのことを、秋成が知ってるんだ)

伯父の口元が引き攣っている。彼のこんな姿を見るのは初めてだ。

指摘したことが違うのならはっきりと否定すればいいが、伯父は無言だった。

言い返せなかったのだと思う。

心の内を目の前にいる中学生の甥に指摘されたことが悔しかったのか、逃げるようにしてその場から足早に去った。


次の日、両親が東北へやってきた。

伯母の運転する車に乗って、一緒に駅まで迎えに行く。

その後、軽く観光をしながら伯父の会社へ向かった。

昨日のあの一件の後、伯父とは直接顔を合わせていない。

会社に着くと従業員達の挨拶が飛び交う。

伯父は会議室で待っていると告げられた。

両親と一緒に、そこへ向かう。運転していた伯母も付いてきた。

秋成さんは大人達の後ろに隠れるように、会議室に入る。

伯父の態度は荒れていた。

親の後ろに隠れた秋成さんを一瞬見る。

その直後、火が点いたように怒鳴り始めた。

「お前らの息子は男のくせに肌は白いし、ひ弱でそこら辺の日陰に生えている雑草のようだ」

秋成さんの両親に久しぶりに会うなり暴言を吐く。

両親は黙って聞いていた。

更に「両親の育て方が悪いせいだ。きちんと教育もできないのか」と秋成さんだけでなく、親のことも責める。

そんなことを言われて腹が立ったはずだが、誰も何も言い返さなかった。

伯父は散々罵った後、急に話を変えた。

「明日は俺も休みを取ったから、皆で川にでも行くか。秋成に体力を付けさせなければいけない」

伯父は言い出したら聞かない。身体を鍛えるなら川だとでも言うつもりだろう。

最後まで他の意見は聞かずに会議室から出ていく。

その場に残された伯母が、伯父の代わりに何度も頭を下げていた。


翌日。

伯母は同行しなかった。

乗車人数の関係もあるが、伯父が来させなかったのかもしれない。

運転は伯父に任せ、四人で川へ向かった。

目的地は緑が深い山の中である。

木々の間を抜け、道から少し脇へ入ったところに車を駐めた。

そこから川は崖下にある。流れは速く深い。

川に入るにはそこから急斜面を無理に降りるか、少し離れた場所にある階段を使わなければならない。

伯父と両親は周囲の景色を眺めながら話をしていた。

昨日のような険悪なやり取りにはなっていない。

雰囲気は穏やかだ。

体力作りという名目で連れてこられたが、実際に川には入らないで済んでいた。

(一体、何の為に川まで連れてこられたんだろう)

少し拍子抜けした。

仕方なく、秋成さんは近くを飛んでいた虫を追いかけて遊んでいた。

トンボか何かだったと思う。

虫は両親の前を通り過ぎ、伯父の前を飛んだ。

秋成さんもそれを追いかける。

両親の傍から伯父の脇に移動したところで、身体を川側へ強く押された。

足下が不安定になる。

秋成さんの身体が傾いたかと思うと、あっという間に崖から落ちた。

〈死ね、死ね、死ね〉

虫に夢中になるあまり、殺意に気付くのが遅れた。

伯父は甥が落ちていくのを、ただ黙って嬉しそうに眺めている。

伯父は甥を突き落とす少し前から、両親の目を秋成さんから逸らすような話題を振っていた。

「向こうの山にもいいところがあるから、今度連れていこう」

伯父は川のほうではなく、逆方向にある山のほうの話をする。両親はそれに釣られて、秋成さんから目を離した。

川に行こうと言い出したときから、殺す計画だったと思われる。

幸い秋成さん身体は、落ちてすぐのところに生えていた木に助けられた。

「そこから動くな」

息子が落ちたことにすぐに気付いた父親が、彼を引き揚げた。

打撲と擦り傷はあったものの大きな怪我はない。落とされたショックで、痛みは感じなかった。

この高さから川をめがけて崖を転げ落ちればまず助からない。

引き揚げられた秋成さんは、言葉もなく伯父のほうをぼんやり眺めた。

落とされた本人より、父親のほうが激怒している。

「幾ら何でもやっていいことと悪いことがあるだろ。秋成を殺す気か」

「それは違う。うっかり秋成の腕に引っ掛かって。それで落としそうになって」

伯父はちょっとした事故だと言い張った。

「落ちなかったのだから、良かったじゃないか」

何度責められても、自分のしたことを絶対に認めようとしない。

最後まで「落とそうとしたのではない。それは違う」の一点張りだった。

この日はそのまま祖父母宅へ戻ったが、彼の両親と伯父との間には大きな溝ができた。

それから自宅へ戻る日まで、伯父と両親は険悪な空気のままだった。

顔を合わせても会話がない。

秋成さんも同様に伯父には近づこうともしなかった。

この一件から、伯父の奇行が目立ち始めた。

祖父の飼っていたシェパードが死んだ。

秋成さんも可愛がっていた犬だ。

目に見えて弱り始めたかと思うと、あっけなく死んだ。

当初は病気か何かだと思われていたが、そうではない。

餌をやっていた伯父が、毒を盛ったのだ。

素人が簡単に手に入れられるような物。恐らく農薬か何かだと思われる。

一度で殺せるだけの強い薬が手に入らなかったため、何度もそれを食べさせた。

警察犬としての訓練を受けた優しく賢い犬で、普段は少しでも異変があれば絶対に口にしない。

伯父は臭いも味も変えぬよう細心の注意を払った。

時間を掛け、ゆっくりと苦しませてから殺した。

それから伯父は祖父の所有する沢山の書物や術具も焼却処分した。

代々家に残された貴重なものだ。

その書物の中には、呪術に関するものがあった。どれも鬼頭家の歴史と深い関係がある。

書物に書かれている内容は、絶対に世に出せない。

伯父はそれを燃やす前に隠れて読んだ。


その頃からだ。

おかしなものが秋成さんの元へ飛んでくるようになった。

寝入りばなに、それはやってくる。

息が苦しくて目を開けると、誰かが馬乗りになっていた。

両手で首を絞めてくることもある。

(これは伯父の仕業だ)

書物に書かれた方法を使って、呪術まがいのことを仕掛けていた。

家の中で彼の部屋だけがとにかく寒く、真夏でも半袖ではいられない。部屋に置かれた物が勝手に動き困った。

秘密を知った彼の口封じをしたかったのだと思う。

衣笠家の正統な跡取りになる彼を恨み妬む気持ちもあった。

目的がはっきりしている分、その辺で見かける霊の類よりタチが悪かった。

他にも伯父は家の守り神とされる大切なものを売り払おうとしたこともある。

貴重な刀や、その地方では山の神とされるものなどだ。

どれも簡単に手放していいものではない。

これに関しては、危険を感じた祖父母が信頼できるお寺に頼み、預けることで回避している。

時には売るのではなく、要らないものを手に入れてくることもあった。

その中の一つに、涅槃(ねはん)図がある。

桐箱に入れられた掛け軸だ。

一般家庭によくある代物ではないし、好んで飾るものでもない。

伯父は「買った」と言うが、恐らく金を貸した代わりに預かったものだ。

そもそも涅槃図の出所は不明。

しかも箱書きと中身とが合っていない。

伯父のところに来るまで、どのような流れ方をしたのかも分からない。

鑑賞用として手元に置いておくような物ではない。

この涅槃図は、伯父の所有する別荘に箱に入れられたまま放置された。

それからこの別荘で物が勝手に動くなどおかしなことが続くようになった。

皆、気味が悪いと言って別荘には近寄らなくなった。

更に伯父はその別荘内を動物の剥製で一杯にし、ますますおかしな場所へと変えていった。


崖から突き落とされた日から、半年ほど経った頃だ。

秋成さん宅の電話が鳴った。

相手は保険会社の担当を名乗る者だ。

「お宅の息子さんに掛けていた保険が解約されていますが、理由をお伺いしても宜しいでしょうか」

両親は秋成さんに生命保険を掛けた覚えがない。

何かの間違いではないかと思い、詳しく話を聞くとそれが伯父の仕業だと判明した。

彼を崖から落として殺害するつもりでいたものの、失敗したので解約した、ということのようだ。

死亡した際に受け取る予定の額を聞いて、両親は絶句した。

あまりにも高額だったからだ。

両親は伯父の会社の株主であり、役員でもある。

実印や必要な証明書類の類は、会社の関係で伯父に預けていた。

秋成さんが中学生になると、将来は彼を次期社長に就任させようという話が出た。

この頃、伯父の激しい使い込みにより、会社の事業は赤字になっていた。

それを埋めるための甥殺しだった。

親が役員であり株主である彼に、保険金を掛けるのは伯父になら容易い。

実際に事故に見せかけて彼を本気で殺そうとするような人だ。

受取人を彼の両親にしておいたとしても、その金は全部奪うつもりだったろう。

伯父が金の為にそこまでするのかと思うと、もう既に人ではなく鬼にしか見えなかった。

後日、両親は伯母に対し、遺言書と崖での一件、保険金のことも全て包み隠さず話をしたが信じてもらえなかった。

そして両家の往来は途絶えた。

その後も伯父は相変わらずだったと思う。

秋成さんへの呪詛が、止まなかったからだ。

困った彼と家族は、母親の姉である四女の紹介する寺の御住職にお祓いを頼んだ。

その方でさえ、伯父の業はあまりにも深いと嘆いておられた。

「業は消してあげたほうがいい」

最初は情けをかけ、呪詛は『返す』のではなく『消していた』が、伯父は止めなかった。

「あの人は死なないと駄目だ。来世に賭けるしかないから全部返そう」

御住職も困り果て、いよいよ以てそう覚悟を決めた一週間後。

伯父は、尿毒症でこの世を去った。


伯母から再び連絡を貰ったのは、伯父が亡くなってからになる。

電話で連絡があり、葬儀には出たがそれだけだ。関係は修復できていない。

伯父を見送る際、祖父の口から「ほっとした」と言う言葉が漏れたのを聞いた。

人の死を喜ぶような人ではない。伯父のしてきたことに対し、責任を感じていたのかもしれない。

伯父は最後まで本当にやりたい放題に生きた。


その葬儀から数週間後のことだ。

伯母から大至急、東北へ来てほしいと連絡を受けた。

すっかり疎遠になっていたが、伯父がもういないこともあり家族は東北へ向かった。

久しぶりに家族が揃って鬼頭家を訪ねると、早々に伯母から謝罪を受けた。

「あのときはごめんなさい。あなたの言った通りだった。一歩間違えたらどうなっていたか」

貸金庫の奥から、あの遺言書が出てきたそうだ。

書かれている内容は秋成さんが言い当てた通りだった。幸い内容に不備があり無効となっている。

鬼頭の財産は、伯父の思い通りにはならなかった。

このことで両家は和解し、問題は全て解決した——かに思われた。


伯父は亡くなってからも、秋成さんの所へ来た。

彼をまだ殺したいのか、伯父は死んでも諦めなかった。

生前、彼の行っていた呪詛も関係する。

伯父は既に亡くなっているので死霊ということになるのだが、死んでいるにも拘わらずその存在は生々しく、生霊に近いものがあった。

これを秋成さんは『生死霊』——両方の属性を持った厄介な霊体だと言っている。

憑かれたときは、お寺で祓ってもらった。

時折、彼の元には先祖霊が現れ、守ってくれることもあった。

詳細は控えるが、祖父から聞いたところによると、その先祖霊はお坊さんであるらしい。

最期は業を返してくれた方の助けもあり、伯父は処理された。
無事成仏したのかどうかも分からないが、以来、伯父が現れることはなくなった。
死んでからも改心できない人だった。
全ての件が済むとそれを待っていたように、祖父もあの世へ旅立った。
後年、秋成さんは仏門に入った。
今はとある寺で住職をされている。

あかい女

瀬戸内海から数キロの小高い場所にその公園はある。

桜やツツジ、ショウブ等、季節ごとに見頃の異なる様々な植物が数多く植えられていた。

広大な敷地の中にはサイクリングロードや池、遊歩道が広がっている。

公園入り口から北西の方角には、大きな霊園と火葬場、病院などがある。

この辺りに住む若者は、ドライブといえば近くの海か山。或いはその両方に行く。

時間とお金を気にせずに楽しむのに好都合だからだ。

この公園は海と山を移動する際、休憩ポイントとして丁度よい位置にあった。


その日酒井さんは、付き合っていた彼女と一緒に車で公園に向かった。

近くの海に寄った後、そこで夜景を眺めてから帰ろうと思った。

園内は、車での進入は禁止されている。

入り口を入ってすぐの場所に無料の公園駐車場があるため、そこに駐車することにした。

街灯の少ないこの辺りは、日が暮れると闇が濃くなる。

市街地を見下ろす形になるため、眺めは素晴らしい。

眺望を楽しむだけなら駐車場の辺りからでも十分可能だった。


「やっぱり公園内は、怖いから入りたくない」

駐車場に着いてすぐ、彼女が嫌がった。

園内は地元でも有名なデートスポットになるが、良くない噂も多かった。

夜間になると人の出入りが少なくなる。

人目に付きにくくなるため、この辺りの不良連中が出入りしていることもあった。

(おかしな連中がいるようなら、すぐに引き返せばいい)

車から降りなければ絡まれないはずだ。また、無差別で攻撃されるようなことは過去に聞いたことがない。

幸いこの日は、他に停まっている車は見当たらなかった。

駐車場内は物音一つせず、静かだった。

酒井さんが車を降りる素振りを見せても、彼女は動こうとしない。

仕方なく、そのまま車内で話し込んだ。

彼女は言葉数も少なく、話が盛り上がらない。

（これじゃ、駄目だ）

　この後の行き先について、彼が早々に考えを巡らせ始めたとき、車に小石が当たるような音がした。

「コンッ　コンッ」と二回、小さな音が響く。

金属に小石が当たる音に似ていた。

まだエンジンは掛けていない。

誰かの悪戯かとも考えたが、周囲に人影はなかった。

彼らの他に侵入してきた車もない。

「コンッ　コンッ」

また二回、音がした。

（誰かが石を投げているのか）

愛車に傷が付いては堪らない。

酒井さんが車を降りて確認しようとすると、彼女が腕を引いて止めた。

「外に変な人がいたら怖いから、出ないほうがいいよ」

彼女の言葉を聞いて、「あっ」と思わず小さな声が出る。

過去にこの駐車場で起きた事件のことを思い出した。

数年前にこの場所で社会人一人、大学生二人の計三人が激しい暴行を受けている。

複数の相手からの集団暴行だ。

揉め事は、被害者の交際相手に加害者がメールを送ったことがきっかけだ。

自分の女に出を出されたと激怒し、最初に手を出したのは被害者の大学生のほうだ。

その報復で仲間を呼ばれ、返り討ちにあったのだ。

暴行を受けた三人は、とある山中に連れていかれた。そこには、加害者グループのリーダーが以前勤めていた建設会社の資材置き場がある。

ここから直線距離でもそれほど離れていない場所だ。

この時点で、三人は既に瀕死の状態だった。

現場にシャベルカーで穴を掘り、最初に大学生一人を生き埋めにした。

もう一人の大学生は監禁して借金漬けにするつもりだったが、「こいつは金にならない」という理由から同様に殺された。

大学生二人が、同じ場所で生き埋めにされたのだ。

「警察に行ったら、家族は皆殺しにする」

残る社会人は、脅迫された上で解放される。

運よく逃げ延び、犯人達の脅しを無視して警察に届け出た。

事件は早期解決した。

犯人逮捕後に発見された二人の遺体は、いずれも暴行による損傷が激しく顔も判別できない状態だった。


「もうヤダ。怖い」

彼女が家に帰ろうと言い出した。

また、あの音がする。

酒井さんはこの音が何かに似ていると思った。

相変わらず外に人の気配はない。

表に出て何かされるのではないかと思うと、車を降りて確認する気になれない。

このまま車を出して、移動しようかと迷った。

そのとき、ふと思った。

「コンコンって二回……これってドアをノックする音じゃないか?」

だから二回なのではないかと酒井さんは気付いた。

「そんなことはどうでもいいでしょ」

彼女は車を出さない酒井さんに、少々苛立っていた。

外からまた同じ音がする。

音は車の横ではなく、後方から聞こえた。

彼女が音に反応して、バックミラーを見ていた。

「——あかい女がいる」

「はぁ、何?」

彼女の声は裏返っていた。小声だったこともありよく聞き取れない。

酒井さんは、つい乱暴な言葉を返してしまった。

「あか」の部分は聞き取れたことから、それが色の「赤」だと思った。

「あか」と聞いて、そこで赤い服の女がいるのかと問う。

そうではないと彼女は首を振った。

「あ、あかい、あかいの……」

彼女はバックミラーから目を背け、見ないようにしている。

もう直視する気はないらしい。

何度も後ろを指さし「とにかく見ろ」と彼に伝えた。

「何だよ」

酒井さんは仕方なく後方を確認した。

車から少し離れた場所。

その先は茂みである。

手前のアスファルトの上で何かが揺れていた。

暗闇の中に、大きな赤い光がある。

何だろうと目を凝らした。

赤い光の中心に、黒い芯がある。

それには両手両足のようなものが付いていた。

身体付きから女性だと思われる。

着ているものや髪形などの詳細は、炎に包まれていて目視できない。

酒井さんは目が離せなかった。

彼女の言う「あかい女」は、赤く燃える女のことだった。

警察消防等に連絡をするといった当たり前の考えが吹き飛び、逃げ出したい気持ちのほうが勝った。

事件であれば、巻き込まれたくないと思った。

どれくらいそうしていたか分からないが、赤い炎は徐々に小さくなり消えた。
外に確認に出る気にはなれない。
そして「コンコン」という音も止んだ。

殺された大学生二人を含む暴行事件の被害者三人は全て男性である。
女が件の暴行事件と関わりがあるのか、それとも別の由来によるものか、それすら分からないままだ。

立ち入るな

昔、赤坂見附にあった有名ホテルで大火災が起きた。

午前三時過ぎに出火。鎮火まで数時間。

その間、空が真っ赤に染まった。

宿泊客の煙草の不始末が原因だが、延焼範囲が広がったのはホテル側の責任が大きい。

消防に対する不備等、原因を挙げればきりがない。

死傷者多数。

これはホテル火災の中でも、最悪のケースである。

鎮火後も、ホテルは随分長い間、廃墟のまま放置された。


現場と隣接した場所に高校がある。

青池さんはここの生徒だった。

「ここからだとあのホテルが良く見えるよな」

放課後になると生徒達は面白半分にホテルを眺めた。

火災が収まって間もない現場は、そのままの状態で放置されている。
それを見るのに教室は特等席だ。
真っ黒に焦げた外壁。火災後の生々しい爪痕に生徒達は興奮した。
無人のはずのホテル内。
時折、ガラスの入っていない窓の奥に人影を見る生徒がいた。
ホテル周辺で目撃される無数の人魂。
霊感の有無は関係ない。
「幽霊だ、お化けだ」と、見た生徒達は興奮して盛り上がった
これらを目撃した生徒は、決まってその直後から体調を崩し病欠した。

「出る」と噂が立てば、中に入りたがる輩が出る。
その話を聞き、クラスの何人かでそこへ忍びこむことになった。
青池さんもそれに加わった。
事故から数週間経った頃のことだ。
周囲は何度も止めたが、彼らは聞かない。
高校生達のちょっとした肝試し気分だった。

建物の敷地外には、火災をお詫びする立て看板が用意されていた。

事故当時のまま残るホテルを前に、生徒達は盛り上がる。

日が暮れ、周囲に誰もいないことを確かめてから敷地内へ。建物近くには立ち入りを禁止するためのロープが張られていた。

出火の原因とされる部屋があったのは、建物の九階になる。

そこからかなりの広さで延焼した。

火元とされる階の外壁は、特に酷く焼け焦げている。

一階部分の窓も消火活動の際に割られ、その痕が分厚い板で塞がれていた。

何処かに入れる場所はないかと探す。友人の一人が板の隙間を見つけ、そこから侵入することに成功した。

中に入った直後、酷い臭いで顔が歪んだ。

建物の焼け焦げた痕。消火剤特有の臭い。

火災から随分経っているはずだが足下にはまだ水が残っている。そのせいで湿気も酷い。

放置された建物内に黴(かび)でもあるのか、その臭いもした。

飛び散ったガラス。備品もあちこちに散乱している。

外から見れば建物の原形を留めていたが、内部の様子は全く異なっている。

以前の華やかさは何処にもない。

そういえば火災当時、従業員達は人命救助より高級家具を運び出すことを優先したというような酷い話も聞いた。

一階を一通り見回ってから、階段を見つけた。

二階へ上がると、一気に空気が重くなった。

更に酷さを増す臭い。

客室を覗き、友人達と盛り上がる。

そのとき、何処からか声が聞こえた。

〈く……し……けて……〉

具体的に何を言っているのかまでは聞き取れない。

もう現場検証は済んでいる。

彼らの他にこの建物に侵入している先客はいない。

青池さんは、少し尻込みした。

目と喉が酷く痛む。

焼け跡の酷い臭いか、黴のせいだと思った。
「もしかしたら、外に誰かいるんじゃないか。その声じゃないか」
ガラスの外れた窓から外を確認したが、それらしい人物どころか通行人もいなかった。
再び声が聞こえた。
「ここじゃない。上の階からだ」
彼らは正体を確かめてやろうと、階段を駆け上がった。
声の出所であろう場所を片っ端から探してみたが、やはり誰もいない。
そうする間にも何度も声が響く。
「この階じゃない。もっと上だ」
更に階段を上り、確認したがそこにもそれらしき声の主はいなかった。
声が聞こえては相手を探す。
これを何度も繰り返したが、声の主は見つからない。
啜り泣いているかと思えば、呻き声のようにも聞こえる。
小さな声だが、やけにはっきり耳に届いた。
〈苦しい……たすけて……〉
ここにきて、それが助けを求める声だと気が付いた。

同時に仲間の一人が、ポツリと嫌なことを呟いた。

「なぁ、もしかしてさぁ、煙を吸って大きな声が出せないんじゃないか」

逃げる際、廊下で焼死した宿泊客も多い。煙を吸って亡くなった人もかなりいる。

炎は火元より下の階も激しく焼いていた。

青池さんは自分の感じている喉と目の痛みが、被害者の経験したものと重なっているのではないかと気付いた。

「今、俺達がいるの何階だっけ」

声の主を探すことに夢中になり、数えていなかった。

「まだ七階にも来てないだろ。だから大丈夫だ、大丈夫なはずだろ」

仲間の一人が強がるように言った。

火元とされる部屋のある九階まで見に行くつもりだったが、そんなことをすればただでは済まない気がした。

これ以上ここにいてはいけないのではないか。これは死者に対する冒涜ではないか。

そうこうする間にも、また呻き声がする。

耐え切れず両耳を手で塞ぐ。

声の主とはまだ直接会っていない。

(これは絶対に見たらいけないやつだ)
今なら何事もなく逃げられる、引き返せる気がする。
「……そろそろ戻らないか」
その場にいた誰かが、ポツリと呟いた。
その言葉を待っていたかのように、全員が無言で走り出す。
建物から出るまで誰も振り返らなかった。

その後、同じようにホテルを見に行った他の生徒がいる。
中へは入らずに建物を下から眺めていると、燃えた階の窓の奥で黒い人影が動いた。
建物内は無人のはずだ。
黒い人影の動きが止まる。こちらをじっと見下ろしているようだ。
そのとき、同じ階の別の窓から人の形をした薄い影が下へ落ちた。
〈ぐぇっ〉
大きな肉塊と骨が打ち付けられ、砕ける嫌な音が響いた。
実際にホテル火災で有害ガスを含んだ煙から逃れるために、窓から飛び降り命を落とした人が多数いる。その中には炎の熱さに耐え切れず、無念の思いで飛んだ人もいた。

落ちても高さが足りず、即死を免れた人もいる。地面に激しく打ち付けられた身体で必死に助けを求めたが、混乱する現場ではすぐに救助することも叶わなかった。

結局、長く苦しんでから死んだ。

生徒の中には実際に出火原因である九階まで行った強者もいたが、青池さんは怖くてその話を聞けなかった。

その後、中へ入る輩が絶えないため、現場周辺にはバリケードが設置されたこれで遊び半分の立ち入りは完全にできなくなった。


事件から数カ月後の夏。

とある生徒達が肝試しをしようとあのホテルに目を付けた。当然、中には入れない。

それに腹を立てた生徒達は、面白半分にねずみ花火やロケット花火を打ち込んだ。

もちろんすぐに捕まり、酷く叱られた。

捕まった彼らに何故そんなことをしたのかと責めると、こんな答えが返ってきた。


――廃墟のはずのホテルの中に、明かりが見えたから。

「誰かが先に中に入ってたから。だから驚かせてやろうと思って」

捕まった生徒達は、真面目な顔でこう説明した。

事件後、ホテルは長期間放置された後に取り壊され、現在は別のビルが建つ。

当時の面影は、もう残っていない。

赤いビー玉

多治見さんはとあるお寺の御住職である。
その日、多治見さんの自宅の電話が鳴った。
相手は西日本にある某宗派の本山でもその名を知られた方だ。
多治見さんも過去に大変お世話になっており、尊敬している。
ただ、約束によりお名前は出せないので、ここでは『ある方』としておく。
「私は行けないから、あなたにお願いがあるの」
『ある方』は多治見さんに、赤いビー玉を用意するように言った。
量は金額で数万円分を指示。これはかなりの数だ。
それを『ある方』の指定した場所に撒くようにとのことだった。
その場所は、太平洋に面した数十キロにも及ぶ海岸線。
遠浅な砂浜海岸で、観光が産業の主体になっている場所だ。
多治見さんの自宅から、結構な距離がある。
「日本が大変なことになるから。多治見さんにしかできないの。これは……」

撒く理由について、『ある方』は言えないと告げた。

「でも、大至急お願い」

強く念を押される。

意味のないことを頼んでくるような方ではない。

多治見さんは理由は問うことなく、この依頼を受けた。


まず赤いビー玉を用意する。

大きさは通常のサイズ。一センチ五ミリのものを選んだ。

赤いビー玉といっても、表面の磨かれたものやフロストガラスの物がある。

どういった種類のものが適しているのか分からない。

そのため、どちらも取り寄せた。

数万円分の赤いビー玉は、両手で抱えられる大きさの段ボール箱いっぱいになった。

「『ある方』の願うように変化してください」

これを一週間掛けて祷（いの）った。


出発は夕方にした。

この時間に出れば、現地に着く頃には日が暮れている。

明るい時間帯に撒くことはできない。人目に付きたくなかった。

指定された海岸の範囲は広く、距離からすれば徒歩での移動は困難だ。

それも一日で終えなければならない。

そこで、自家用車で移動することに決めた。

最初の目的地は指定された海岸の南端。

その場所から数十箇所ある海水浴場を順番に、北上を始めた。


最初の目的地の海水浴場まで、車を走らせること数時間。

現地に到着したとき、既に時刻は午前零時を回っていた。

車を海水浴場近くの駐車場に駐めると、履いていたカーゴパンツのポケットに赤いビー玉を大量に詰めた。

そこから足早に海のほうに向かう。

海水浴シーズンは既に終わっている。

深夜の海は闇に包まれていた。

車を降り海のほうを確認すると、浜辺を人が歩いているのが見えた。

若い女性が一人。幼い赤ん坊を抱いている。

女性はゆっくりと海のほう——波打ち際に向かっていた。

(こんな時間に、若い女性が何をしているのだろう)

この辺りは夜になると、暴走族の類が出る。若い女性の外出は絶対にお勧めできない。

歩くたびに女性の身体が左右にゆっくりと揺れる。

散歩にしては妙な感じだった。

「もしかして、自分にしか見えていないのかな」

嫌な予感がした。

女性から少し離れた砂浜に一組の男女がいる。

最初二人は楽しそうに戯れていたが、その女性を見た途端、我先にと逃げ出した。

慌てた二人の様が、尋常ではない。

(うわぁ……見た人が逃げていくよ。他の人にも見えているのは分かったけど、やばいんだろうなぁ)

一瞬帰りたくなったが、ここで引き返す訳にはいかない。

諦めて海のほうへ向かった。

「こっちは頼まれた儀式のために来ているのだから、相手はしていられない」

多治見さんは、自分の仕事を進めた。

女性を追い抜く形で波打ち際に立つと、海に向かって赤いビー玉を撒く。

余計なことは考えないようにしたが、後方から砂を踏む音がした。

(追いかけてきた)

振り返れば面倒なことになる。

ここは無視すると決めた。

砂を踏む音がすぐ背後まで迫ってきた。

女性の息遣いがはっきりと聞こえる。

抱いている子供の寝息はしない。泣いている様子もない。それどころか生きている感じもなかった。

とりあえず、この海岸に撒く儀式は終えた。

そこで、女性をこのままにしていいものか考える。

この先の海水浴場の数と、車での移動時間を考慮すれば一箇所に長く留まる余裕はない。

これも何かの縁だと思う。

念の為一つだけ残した赤いビー玉を、手に握りしめておいた。

「仕方ない。やるか」

覚悟を決め、成仏させてあげようと振り返る。
後方には、女性も赤ん坊の姿もなかった。
砂の上に、彼女の足跡は確かに残っている。
その足跡は多治見さんの脇を通り、暗い海へと続いていた。
ビー玉を撒いているとき、自分の脇を通り抜けた人はいなかったはずだ。
海から引き返した足跡は残っていなかった。
(こうやって、死ぬのを繰り返しているのだろうな)
少し可哀想とも思ったが、その場を辞した。

その後も赤いビー玉を撒き、拝む。
これを幾つもある海水浴場に立ち寄るたびに繰り返した。
気が付けば、時刻は午前三時半。
最初の場所から既に数十キロも移動していた。
その間、休むことなく拝み、赤いビー玉を撒いた。
この時点で立ち寄った海水浴場の数は、二十を超えていた。

もう幾つめになるか分からないが、車を走らせて次の海水浴場に到着した。
最寄りの駐車場は県道沿いにある。
そこで少し困った事態になった。
駐車場と海岸の間に大きな海浜公園がある。
夜間は出入り禁止になるため、海水浴場まで歩くと随分と遠回りになる。
それだけではない。ここに来てから、周囲に見えない人の気配がする。
車を降りてすぐに囲まれたようで、あまりの数の多さに一歩も前に進めない。
(これは駄目だ)
それらを祓うことは可能だろう。
ただ、拝んで祓えば更に似たようなものが寄ってくる可能性が高い。
そうなってしまうと収拾が付かなくなる。
この町にあと一箇所、その先の町に六箇所の海水浴場が残っている。
最後まで責任を果たしたいが、これではどうにもならない。
「ここまで、か……」
諦めるしかなかった。

この儀式の夜から半年後。

東日本大震災が起きた。

あの海岸に津波が押し寄せ、多くの方が亡くなった。

ただ——被害が出たのは、多治見さんが赤いビー玉を撒いた海水浴場より北に限られた。

彼がビー玉を撒いた海岸では、被害はなかった。

今も多治見さんの手元には、撒き切れなかった赤いビー玉が残る。

赤いビー玉は、時折静かに赤く光ることがある。

それを眺めるたびに、悔やむ。

(あのとき、もしもっと先まで行けたなら——)

この気持ちは、ずっと消えない。


多治見さんは、今も僧侶として常に自らを律する厳しい世界にその身を置かれている。

霊能者といった類の人ではないが、取材から今日に至るまで、これらのお話を世に出すべきかどうかについて、最後まで深く考え迷っておられた。

それでも伺った内容が大変貴重だったことから、「関係者の名前や宗派、詳しい場所等の詳細について絶対に明かさない」というお約束の元、執筆の許可を頂いた。

鳴き女

現在四十半ばの日向さんが二十五歳くらいのときの話だ。

彼女はその当時付き合っていた彼氏との間に結婚話が持ち上がっているが、別れている。

つい最近までその元彼の存在すら綺麗さっぱりと忘れていた。

相手の写真も手元には残っていない。

「眉毛が凄く太かったかな。本当にそれくらいしか記憶になくて」

元彼の顔の特徴に関して、今現在も何故か全く思い出せない。

このような酷い忘れ方は、今までの人生の中でも彼だけだ。

「あまり良い別れ方をしなかったせいもあると思います」

——結婚しなくて、本当によかった。

話の途中、何度かそんな言葉が日向さんの口から洩れた。

別れるまでの経緯を思い出したきっかけがある。

ごく最近のことになる。

インターネット上で、偶然懐かしい書き込みを見つけた。
十年ほど前に日向さんが自ら書き込んだものだ。
「まだ残ってたんだ」
最近になって誰かがまとめサイトに上げたようだ。
嫌悪感はない。単純に懐かしいと感じた。
書き込まれた内容は、彼氏から貰った指輪に関する短い文章だ。
その内容は、この話のごく一部でしかない。
そこに至る詳細も含めた話を御本人から伺った。
ここではそれを語ろう。

日向さんは当時、都内で一人暮らしをしながら夜の仕事をしていた。
彼氏の名前は『高原』。
都内に勤務する会社員だ。
高原は彼女より年上になる。
二人は口頭で結婚の約束をしていた。
彼の両親は東北地方で暮らしている。

「挨拶も兼ねて、二人で一緒に行こうよ」

彼の休みに合わせる形で、日程を決めた。

宿泊先は駅近くのビジネスホテルを手配。

ちょっとした旅行も兼ねていた。


東北地方の南西部に位置する県の山沿いに、彼の家はあった。

関東の街中で育った日向さんからすれば、随分と田舎に思える。

外部の人間はまず住まない、閉鎖的な土地だ。

事前に彼のほうから両親に話はしてある。

御両親は、喜んで彼女を迎えてくれた。

広い敷地に、大きな家が建っている。

年数を感じる。これが母屋のようだ。

彼女は一階にある和室に通された。

彼の両親も二人の結婚に賛成なようで、終始和やかな雰囲気で話が進んだ。

「次に来るときは、日向さんの御両親も一緒に来たらいい」

逆にこちらが行くべきか、等の話に花が咲いた。

（よかった。反対はされていない）
日向さんの緊張が、少し和らいできたとき。
家の奥のほうから声がした。
〈ひぃいぃいぃいぃん〉
喉の奥から絞ったような声。
一瞬、家畜か何かの声かとも思ったが、間違いなく人の声だ。
助けを求めたり、鬼気迫る様子はないが気味が悪い。
誰かがこの家の他の部屋で、泣いている。
声音は『泣く』というより『鳴く』に近い。
女性の声。
その声は、一鳴きで止んだ。

その声がしても彼も両親も、顔色一つ変えない。
何事もなかったように話を続けている。
日向さんは、自分にしか聞こえていないのかと焦った。
（まさかこの家、出る……とか）

古い家だけに、幽霊かお化けの類でもいるのかと思う。
彼女も周囲に合わせるように、聞こえていない振りをした。

それから暫く経つと、また同じ声が聞こえた。
先ほど同様、一鳴きだけ。
絞りだす声が耳に付く。
(気のせいじゃない)
声はこの家の奥のほうから確かに響いた。
(どうしよう。無視したほうがいいのかな)
「あの声は何ですか」とは聞きにくい。
この和やかな空気を壊すのは気が引けた。
また声がする。
そこで彼女は聞こえないフリをすることに耐えられなくなった。
「ねぇ、奥に誰かいるの」
彼の袖を引いて、小声で訊ねる。
目の前の御両親に嫌な顔をされたくなかった。

日向さんが申し訳なさそうに聞くと、彼は隠す様子もなくこう答えた。
「ああ、あの声のこと。俺のおばさんだよ」
〈叔母〉なのか〈伯母〉なのか、詳しい説明はなかった。
ここにいる全員にあの声はしっかりと聞こえている。
自分だけではないと安堵した。
家の奥にいるおばを、この席に呼ぶつもりは最初からないらしい
彼の両親以外にも一緒に暮らす家族がいることは、事前に聞いていなかった。

暫くすると、またあの声がした。

「気にしないでいいから」

彼は笑顔だった。

日向さんが不安そうな顔をしているため、そう告げたようだ。

彼の家族も同様の考えなのか、幾ら声がしても顔色一つ変えない。

「あれはいいから、気にしないで。それよりこれ美味しいわよ」

目の前に出されたお茶や地元の銘菓を勧めてくる。

(気にするなと言われても、それは無理でしょ)

呑気に食べる気にもなれない。

ただ笑顔を捻り出して誤魔化した。

一定時間が経つと、また声がする。

〈ひぃぃぃぃぃん〉

これは何度聞いても最初と同じだ。

声は、必ず一鳴きだけ。

それは彼女が家にいる間、一定の時間ごとに繰り返された。

その間、家族の者は一度もおばの様子を見にいったりしなかった。


声の主のいる部屋は、その家の一階の一番奥。

廊下を進んだ、行き止まりの場所にあった。

彼が家の中を案内してくれた際、声の主と会った。

紹介というより、見せられたというほうが近い。

動物園の檻(おり)の中を一緒に覗くようで、身内を思いやる素振りは彼から伝わってこない。

突き当たりの奥。六畳の和室の隣に、狭い畳の部屋がある。

不自然に付け足したような部屋だ。

広さは四畳半くらいではないかと思う。
白い塗り壁の部屋で、日当たりは非常によいが妙な違和感を覚えた。
他の部屋と比べてもそこだけ明るすぎる。
家具などの目ぼしいものは見当たらなかった。
その部屋の真ん中に、白っぽい着物姿の女性が一人で正座していた。
生活感が感じられない。
女性は奥の壁に向かって座っている。
日向さん達に背を向ける形になるため、表情は確認できない。
白髪交じりの髪を束ねている。身体は細い
小さな背中から、それ相応の年齢を感じる。若くはない。
女性は彼女達が近くにいても全く動く気配もなく、一言も話さなかった。
(目の前であの声を出されたら嫌だな)
内心、そんなことを思った。
彼のおばがこうなった経緯の説明はなかった。
ここで過ごすようになり、随分と長いようだ。

彼と家族にとっておばがそこにいることも、鳴くことも当たり前のことなのだと思う。

おばは、恐らく正気ではない。

鳴く以外、物音一つさせない人だった。

その部屋に柵や扉などは設置されていない。

「おばは絶対に出てこない」と彼が言った。

彼の家族も、閉じ込めるような真似はしていない。

それでも隔離された空気が漂っている。

部屋の雰囲気がそれとよく似ている。

(これは座敷牢だ)

家族は人目を避けるために隠していると思ったが、本人の意志でそこにいる気もする。

近所の人間がどう思っているのかは知らない。

日向さんに対して彼もその家族も、おばの存在を隠すことなくあっさりと認めている。

これからこの家に嫁ぐ者として受け入れてもらったと思うが、喜んでいいものか。

(この人と結婚したら、どうなるのだろう)

少なくとも病気が疑われる人間を、奥の部屋に一人きりで放っておくことは彼女には理解し難い。

おばに対する家族の接し方は、物を扱うような冷淡さを感じる。

これがこの家の日常なのかと思うと、寒気がした。

何度声が聞こえても彼とその家族が何事もないように、ニコニコと穏やかに振る舞っていたことにも鳥肌が立つ。

都内に戻ってからも、あの鳴き声が耳から離れなかった。


それから暫くして。

高原が日向さんのアパートに、転がり込んできた。

この部屋で同棲する約束をした覚えはないが、帰ろうとしない。

彼の借りている部屋は、都心まで距離がある。

彼女の部屋のほうが、圧倒的に通勤には便利な立地だったことも大きい。

泊りに来ることはよくあったが、勝手に居つかれたことに彼女は困惑した。

出ていけとも言えない。

かといって、家賃も生活費も一切入れてはくれなかった。

それから間もなく、彼は勤務先の会社を辞めた。

高原は借りていたアパートを何の相談もなく引き払うと、完全に日向さんに寄生する形になった。

（また再就職してくれるなら）

このときはまだ結婚するつもりだった。

高原はそのまま働こうとはせず、完全にヒモになった。

日向さんの稼ぎだけで、働かない彼氏の生活まで支えるのは苦しい。

それから喧嘩の回数が目に見えて増えていった。

高原は働かないが時間を見つけては飲みに行った。

日向さんもよく知っているスナックがある。

その店で彼はとんでもないことを口にしていた。

「あいつとは、結婚する気はない」

酒も入り女性と盛り上がったようだ。

その勢いに乗って話していたことを、その場にいた友人を介して知った。

本人に確認するまでもない。

既に二人の関係は拗れていた。

（人の家に転がり込んだ挙げ句に、それか）

日向さんは激怒し、別れを決意。
彼は酔っていたせいだと言い訳したが、許せる訳がない。
これまでの不満が一気に爆発した。
怒りに任せて彼を家から追い出した後、二度と会うことはなかったし後悔もなかった。

急な別れだったこともあり、高原との思い出の品が幾つか手元に残った。
その中に一つの指輪がある。
これは婚約指輪ではない。
彼がまだ働いていたときに購入し、プレゼントされたものだ。
中央にハート型のピンクトルマリン。その両脇にダイヤが二個ずつセットされている。
何処で購入したのか知らないが、名の通ったブランド品ではない。
流行をうまく取り入れた可愛らしいデザインではあるが、好きになれなかった。
日向さんは以前、宝石店に勤務していたことがある。
そのため、宝石の値段や価値を見る目は優れていた。
パッと見、売っても高値が付くような代物ではない。
試しに右手の薬指に着けようとしたが、入らない。

高原は彼女を驚かせたかったのか、指のサイズを確認していなかった。

左手の薬指にしてもよかったが、それはしなかった。

結婚予定の相手からのプレゼントだと意識したが、最初から左手薬指には着けてはいけない気がした。

結局未使用のまま箱に入れ、引き出し奥にしまい込んだ。

これだけは別れる際に返そうとしたが、突き返されている。


「いっそ捨てようかと思ってるんだけど」

彼女は勤務先でこの話をした。

同僚達は「大変ですね」と笑って聞いていた。

その中に若いアルバイトの女性が一人混ざっていた。

「それだったら、私が貰ってもいいですか」

捨てるなら、譲ってくれという。

後日実際に指輪を見せてやると、随分と気に入ったようだ。

可愛らしいデザインは若い人向けだ。

「いいよ。欲しいならあげる」

失って惜しいものではないし、一刻も早く手放したい。

ただ、あまり縁起のよいものではないとだけ告げる。

「念の為、洗って、磨いて、塩を振って……」

日向さんが思いつく限りの方法を伝えてから渡す。

それでも構わないと、後輩は喜んで受け取った。

サイズは彼女の右手薬指にぴったりだった。


それから間もなく。

アルバイトの彼女が貰った指輪を着けて初めて出かけた日のことだ。

出先で事故に遭った。

歩いているところをバイクに轢(ひ)かれたのだ。

タイヤは彼女の右手を轢いた。

その際の状況がよくなかったようで、入院手術となった。

彼女は音大のピアノ専攻で、子供の頃からずっと教師になることを夢見て頑張ってきた。

そのことは職場の人間は皆が知っていたし、応援していた。

「何で事故に。しかも大事な指を」

事故後のリハビリで日常生活に支障は来さないところまで回復はしたが、ピアノを弾くことは難しい。

彼女の指は以前のように滑らかに鍵盤を叩けなくなった。

夢が絶たれたことで、彼女の心は壊れた。

事故後、アルバイトもすぐに辞めたようだ。

暫く姿を見かけないと思っていると、退院後、郷里へ帰っていたことを知った。

大学もそのまま中退したようだ。

その後、どうしているかは分からない。

「まさかあの指輪のせいで」

そんなことはない。日向さんは偶然だと思うことにした。

それでも心の何処かで、もしかしたらと疑う自分がいる。

「彼から貰った指輪を、もしも自分が左手にはめていたら——」

ヒモになった高原から一生逃げられなかったのではないかと思い、寒気がした。

譲った相手には申し訳ないが、それで難を逃れた気がした。


この件から五、六年ほど経った頃だ。

日向さんは部屋を引き払い、実家へ戻っている。

夜の仕事は辞めていた。

自宅で母と二人でいたときのこと。

何かの話の途中、母親が「アッ」と大きな声を出した。

「やっと思い出したわ。すっきりした」

ずっと何か考え込んでいたらしい。

母親は日向さんの顔を見ていて、その答えが見つかったと喜んだ。

一体何事かと問う。

母は非常に嫌なことを言った。

「この間、お前が付き合ってた彼氏と会ったわよ」


数日前のこと。

母が自分の仕事の都合でとある駅前を歩いていた。

ちょっとした人込みの中。

少し離れた所に若い男が立っている。

男は母に対し、会釈をした。

ない。


(誰だっけ……)

相手の男が誰であるか、どうしても思い出せない。

男は確かに母親に対し、頭を下げて挨拶をしている。

特に話しかけてくる様子もなく、自ら声は掛けなかった。

それからずっと男が何処の誰であったか思い出そうとしたが、どうしても名前が出てこない。

「何かが引っ掛かったみたいで、ずっと気持ち悪くて困ってたのよ」

何度も母に「見間違いではないか」と訊ねたが、間違いないと断言された。

このときは(その程度のこと)だと気にも留めなかったが、時間が経つにつれ気味悪くなった。

母が男と会ったという場所は、都心部まで地下鉄一本で行ける便利な場所だが、彼女達の自宅からは随分と離れている。

その駅周辺はこれと言って特徴がなく、わざわざ遊びに行くような場所でもない。その街に住んでいるか、何かしら用のある人間でなければ降りる駅でもなかった。

実際母がそこへ行ったのも仕事の都合上、そのとき限りであっていつものことではない。

(あんな所で偶然会うなんて事あるのかしら)

母がほんの少し目を離すと、男の姿は既になかった。

（もう全て終わってるのに。今更どうして）

この話をされるまで、男の存在は日向さんの記憶から消えていた。

あの後、何処でどうしているかは知らない。

共通の友人も時間とともに減り、既に誰とも繋がっていなかった。

彼女と別れた後、仕事もなく住む場所を失った高原は東北のあの家へ戻った可能性が高い。

「付き合っていた自分ではなく、何故母の前に」

それがあまり良いこととは思えず、暫く嫌な気持ちが残った。


それから更に時が流れ、最近の出来事。

冒頭で触れた、インターネットの書き込みに繋がる。

書いた内容は、後輩に譲った指輪の件のみ。

短文でそれ以外については触れていない。

偶然これを見て、そこまでの一連の出来事を思い出した。

それからだ。人に会うと時折妙なことを言われるようになった。

「何か変な感じの男の人がいる」

具体的に「誰」という話にはなっていない。
指摘したほうも「何となく」といった感じで、それ以上会話を広げなかった。
そう言われて真っ先に高原との思い出が頭に浮かぶ。
書き込みを見た時期と重なるせいか、それ以外考えられなかった。
相手は日向さんをよく知っている風。そんな印象の男だという。
これ以上おかしなことは身近で起きていないし、それらしい男を自分では見ていない。
「何で今更、蒸し返すのか」
気にしないことが一番良いと考える。
それでも時折、男がまた自分の近くにいるような気がして、寒気がすることがあった。

東北のあの家にあった四畳半の部屋には、おばの他にも何かある。
その家、特有の何か——。
指輪の件もあるせいか、日向さんはそれが呪詛の類ではと考えている。
「私が左手に着けようとしたとき、誰かに止められた気がするんです」
後から考えれば、それはあの家自体から拒否された感がある。
それが却って良かったと今は思う。

現在も高原の顔だけが思い出せない。
もしも偶然、母のように街で会うことがあったら全て戻るかもしれない。
それは今の彼女にとって、最悪な事態を招くことにしかならないはずだ。

郵便局①

――敷島さんの話

ある場所に郵便局がある。

地上二階建て地下一階。比較的大きな局である。

最寄り駅から二キロ弱。

賑やかな市街地からは離れている。

目の前を県道が走り、向かいには小さな美容院。隣には歯科。少し先の十字路傍に警察署があった。


その年の春。

敷島さんはこの郵便局に転勤になった。

結婚後、初めての移動になる。

彼女は主に窓口と事務仕事を担当した。

職場の人間関係や業務で戸惑うこともあったが、それもすぐに慣れた。

勤務先としては申し分ない。

これと言って他局と変わった点もない、何処にでもあるような地方郵便局。
最初はそう思った。

仕事にも慣れ、少し心に余裕が感じられるようになった頃だ。
何となくこの郵便局に対し、違和感を覚えるようになった。
勤務中の空気が重い。暗く感じる。業務中に意味もなく鳥肌が立つ。
具体的に『何に対して』そう感じているのか、自分でも理由が分からない。
身体で感じる違和感は、どれも些細なことだ。
ただそれが毎日続くようになり、徐々にこの郵便局が気持ち悪いと思うようになった。

彼女が特に苦手とする場所がある。
地下にある資料室だ。
最初の頃は階段を下りていくのが面倒だとか、その程度にしか考えていなかった。
階段を下り、左手に会議室。廊下を挟んだ右手に部屋が二つ並んでいる。
奥の部屋がその資料室だ。
敷島さんも業務でそこへ何度か足を運ぶことがあった。

資料室は地下ということもあり、明かりを点けても暗い。

いつも人が出入りする場所ではないこともあり、空気が籠もっている。

資料室に入ると必ず寒くもないのに、身体が震えた。

そこへ行った後は、原因不明の蕁麻疹が数日続く。

そんなことが何度も繰り返されるようになり、郵便局のこの場所が良くないのだと気付いた。

耐えられないのは、そこで作業をしているときだ。

室内には棚が多数並んでいる。

そこで探し物をしていると、よく人の気配を感じた。

最初は気のせいだと自分に言い聞かせたが、決定的なものを目撃してしまってから考えが変わった。


ふと、室内に人の気配がする。

(誰か来たのかな)

入り口が開いた様子はない。足音も聞こえなかった。

単に人が入ってきたことに気が付かなかっただけだ。このときはそう思った。

大きく、疲れたような溜め息が聞こえた。
男性のものだ。
気になって周囲を確認した。
彼女から少し離れた別の棚の前に、誰かがぼんやりと立っているのがちらっと見える。
着ているものが古臭い。
「お疲れ様で……」
一声掛けようと思って、すぐに止めた。
声を掛けてはいけない気がした。
足下に視線を落として少し考える。
ほんの少し目を離した隙に、男の姿が消えた。
慌てて室内を探してみたが、何処にも男の姿はなかった。

その日から、この郵便局には何かあるのかもしれないと思うようになった。

郵便局②

——名取さんの話

お昼の休憩で、敷島さんはアルバイトの望月さんと一緒になった。

望月さんは彼女より一回り以上年上の女性で、ここでの勤務歴も長い。何度か休憩で一緒になったことがある。気さくな人で、敷島さんよりこの局に関してはずっと詳しい。

地下資料室で見たことは、この段階で誰にも話していない。隠しているというより、話すタイミングがなかったからだ。あれが誰なのかずっと気になっていた。

望月さんなら地下の資料室について、何か知っている可能性が高い気がする。

「望月さん、この局って何だか気持ち悪くないですか」

少し遠回りな聞き方をした。

質問したとき、望月さんは弁当のおかずを口に運んでいた。口に入れたものを飲み込んでから「えっ、何、急に」と返してくる。

少々、驚いた顔をしていた。

敷島さんは、言い出してからすぐに後悔した。

一体何を言っているのか。そんなふうに思われてしまったかもしれない。

もうこの話はやめよう。

そう思ったとき、望月さんのほうから訊かれた。

「ちなみに、何処が気持ち悪いの？」

「え……地下室とか……」

「敷島さんはそういうの分かる人なんだね」

資料室で見たことまでは話していないが、完全にそういう話だと理解されている。

過去に職場内でこういった話題が出たこともないし、望月さんが特別そういう方面に興味があるということでもない。

「あそこは過去にお祓いをしたところだから」

最後に望月さんはそう教えてくれた。

休憩時間の都合もあり、それ以上詳しい話は聞けなかった。

どうしてもこのことが気になった敷島さんは、後日、怒られるのを覚悟で総務課の名取さんに話を訊いた。

名取さんはここでの総務歴十年を数える古株だ。望月さん以上にこの局について詳しい。

業務が終った後、隙を見て名取さんを捕まえた。

「地下室でお祓いをしたことがあるって本当ですか」

敷島さんの問いに、名取さんは「そうだ」とあっさり認めた。

本当かと再度訊くと「私はここで長い間、総務にいるから間違いないよ」と念を押された。

「あまり大きな声で話すようなことでもないのだけど、みんな知ってることだから」

名取さんは隠す様子もなく、こんな話をしてくれた。


敷島さんがこの局へ転勤になるより、何年も前の話だ。

名取さんは他の社員二名と一緒に、地下室へ向かった。

あの資料室のある場所だ。

当時は資料室というより物置に近い使われ方をしていた。

仕事で必要な物品がそこに保管されている。何を取りに行ったかまでは覚えていない。

資料室に入ると、名取さんから少し離れた棚の前に男が一人立っていた。

三人でこの資料室へ入ったのだから、他の二人のどちらかだろうと思った。

男はぼんやりと突っ立ったまま、そこから動かない。

探していた物品はすぐに見つかった。

「ありました。戻りましょう」

他の二人に聞こえるように声を掛ける。

先ほど見かけた男は、同じ場所でじっとしていた。

目を見開いたまま、項垂(うなだ)れるように頭を下げている。だらしなく伸びた首元は茶色に変色していた。

どうやら他の二人とは別人だ。

(では、誰だ?)

そこで嫌なことを思い出した。

この局内では以前から『地下で見た。出た』という話があった。

——ただの噂話。

名取さんはその程度にしか考えていなかった。

彼の視界に、一緒に入室した他の二人の姿が入った。

名取さんは咄嗟(とっさ)に二人の袖を掴むと、その場から走って逃げ出した。

あの男のほうは見なかった。

一階への階段を駆け上って明るいところに出るまで、怖くて振り返ることすらできなかった。


名取さんがこの局に配属されるよりずっと以前のこと。

局内で、ある男性社員が自殺している。

彼は人間関係に悩み、自宅で首を吊って死んだ。

このエピソードは特段伏せられていた訳でもなく、古くからいる社員であれば誰でも知っている話だ。

それ以来、あの地下資料室で男性を目撃する話が出始めた。

件の社員の自殺から一年ほど経った頃、別の男性社員が病死している。

元々持病はあったそうだが、急な話だった。

またその一年後。

今度は清掃員の中年女性が亡くなった。

いつも元気に挨拶をする人で、日々健やかな印象であったと聞く。

しかし週明けの月曜日。彼女の家族から突然の訃報がもたらされた。

病死だった。

一人が首を吊り、連続して人が病死した。

当時の社員達は何かあるのではないかと思い、お坊さんにお願いしてお祓いをしている。

当初、名取さんは首吊り自殺をした男性社員が原因なのではないかと考えていた。

ただそれも違うとすぐに分かった。


ある日、名取さんは総務課にラベルのないファイルが保管されているのを見つけた。

何だろうと思って中を見たところ、過去にこの郵便局内で死んだ社員についてまとめられたものだった。

病死、事故。自殺の数も多かった。件数が多い。

パラパラと頁をめくった。

ファイルの冒頭のほうを見て驚いた。

最初の記録は名取さんがこの局へ移動になる何十年も前のこと。

この内容が事実であれば、そして一連の社員の死が連続死であるならば、それは少なくともここ数年で始まったことではない。

あの男性社員の首吊り自殺は、連続死の発端などではなかったのだ。

しかし、地下で目撃されている話はどれも同じ男で、一貫して『首吊りした社員』となっている。

他の目撃話は存在しない。

（何故、目撃されるのはあの男だけなんだ）

その後、名取さんは転勤のためこの郵便局から去っていった。

郵便局③ ——友人の話

とある休日、草壁さんは友人の三船さんとドライブに出かけた。

二人は高校の同級生で、社会人になってからも地元に残ったこともあって大変仲が良い。

運転は草壁さん。助手席に三船さんが乗った。

地元でドライブといえば、近くの海と山を回るコースが定番だ。

特に予定はない。何か美味しいものでも食べて買い物でもして——この日もそんな感じだった。

「この後、どうしようか」

海から山へ。そこから賑やかな市街地へ向かおうかと迷っていたとき。

三船さんが、妙なことを訊いてきた。

「お守りが欲しいんだけど、何処で買えばいいか教えて」

彼女は神社や寺に興味のあるタイプではない。初詣くらいなら行くのかもしれないが、お守りを持っていたところなど見たことがない。むしろそういったものをあまり信じていないところがある。

何処のものがいいか分からない。買ってきてほしいと草壁さんに頼んできた。
（大した理由なんてないのではないか。気まぐれか何かではないか）
草壁さんは困惑した。
「何故」「どうして」と訊いても、はっきりとした理由を言わない。
考えたところで理由が分かるはずもない。
「そういうのは自分でちゃんとお参りに行ったほうがいいよ」
こう返すと、三船さんは一瞬黙った。そしてお守りの話はそれっきりしなかった。
車が街に入ると、話題は別のことに切り替わっていた。

後日。
草壁さんは三船さんと一緒に出かけた。
この日も彼女が運転。助手席に三船さんが乗った。
車を走らせてすぐ、三船さんがまた「お守りが欲しい」と言い出した。
前回のこともある。
（またか……）
草壁さんは再び困惑した。

「またお守りの話？　何でそんなにお守りが欲しいの」

どうしても必要なら、自分で神社へ行けばいい。

前回同様にはっきり言おうとすると、三船さんが真顔でこんな話をした。


三船さんは和菓子屋で働く販売員だ。

その和菓子屋が、ある施設を間借りして期間限定で出張販売を行うという話が出た。

予定している数日のうち、三船さんも二日ほど店頭に立つと決まっている。

その出張先で妙なことがあった。

和菓子の売れ行きは順調で、程なく休憩時間になった。

昼食後、三船さんは用を足しに席を立った。

一般客の出入りしない、建物一階奥にあるトイレを使った。

施設は営業時間中であり、廊下に人影はない。

静かな廊下を行くと、手前に男子トイレ、奥に女子トイレが並んでいる。

「あれ。誰だろう」

トイレのすぐ近くに人が立っていた。

男性だ。

ここに勤めている人達の顔を全て知っている訳ではない。

だが、その男に微かな違和感を覚える。

何となく近づきたくないと思った。

男は俯き加減になってその場にじっと立ち尽くしている。

乱れた髪で顔は見えなかった。

やや丸めた背中から疲労感が漂ってくる。随分と影——存在感が薄い。

着ている服装は、今の流行りからは大分外れていて古臭い。

男の首の辺りが気になって盗み見た。

そこは酷い色をしていた。

その瞬間、足下から冷気が立ち上ってくるような感覚があって、鳥肌が立った。

尿意を忘れて引き返す。怖くて振り向けない。

——見た。この世ならざる者を見た。

人生で初めてそう思った。

売り場に戻ってからあの男がいないか、実は人間であってくれないかと思ってそれとはなしに探したが、結局そのような人物は売り場の何処にもいなかった。

「……こういう話って、言っても信じてくれないでしょ」

話したところで見間違いか冗談だと笑われるかもしれない。おかしなことを言っていると思われる可能性もある。

そこでお守りを持とうと考えた。

出張販売の担当期間は終わったが、あの日から恐怖心が消えない。

もしも憑いてきてしまったらどうしようと三船さんは不安になった。

「だから言ってるじゃない。お守りが欲しいって。こういうとき、何処に貰いに行けばいいのか分からないから——」

まさかそんな理由があったとは知らず、冷たい対応をしたことを草壁さんは詫びた。

草壁さんはこの件で心当たりがあった。

敷島さんは、三船さんと同じく草壁さんの高校の同級生である。

三船さんが和菓子の出張販売で訪れた施設。

それは、あの郵便局だった。

草壁さんは、敷島さんが郵便局内で男を目撃した話を聞いたことがあった。

その話を三船さんに話したことはなかったはずだが、三船さんが遭遇したのも恐らく同じ男ではないか。

草壁さんは、そう思った。

何も知らないはずの三船さんからその話が出たことに、草壁さんは驚くしかなかった。

敷島さんが男を見たのは地下資料室だが、他にもう一箇所、局内で男が目撃されている場所があった。

それがあのトイレである。

――トイレの傍で、古臭い服装の男がぼんやりと立っている。

目撃者は「地下室の男だ」と口を揃えた。

男が首を吊ったのは彼の自宅のはずだが、何故郵便局の地下資料室とトイレに現れるのかは分からない。

郵便局④

――坂江さんの話

坂江さんは、自動車販売店に勤務している。
仕事内容に不満は感じていなかったが、店の入り口がずっと気になっていた。
入り口は自動ドアである。
そのドアが勝手に開くことがあった。
「いらっしゃいませ」
客が来たと思い、笑顔を作って声を掛けるが誰もいない。
あまりにも頻繁に起こるため故障かと思った。
ドアの点検の際に確認してもらったが、おかしな点は見当たらない。
昼の明るい時間帯はまだいい。
日が暮れ周囲が暗くなってから勝手に開くと、ひやりとした冷たい空気が入ってくる。
このときだけは、さすがに悪寒とも怖気とも分からない寒気を感じて嫌になった。
これだけならまだ気のせいで耐えられたかもしれない。
坂江さんは勤務中に、何度も人影を目撃していた。

出るのは決まって店舗内にあるトイレ。

誰もいないはずのトイレから、黒い人影が出てくる。

大きさから男性だと思われる。

ドアは開かず、すり抜けるようにして人影が出てくることがあった。

さっといなくなってしまうため、顔や服装等の詳細は不明。

いつも突然出てくるので、そのたびに心臓が止まりそうなほど驚いた。

坂江さん以外の社員も目撃しており、彼女一人の見間違いの類ではないことは分かっている。

そこで「社内でおかしなことが続くんです」と、何人かが上司に相談してみた。

すると上司は話をすんなり受け入れ、お祓いをしてくれた。

正直、そんな話は信じてもらえないと思っていただけに社員一同驚いた。

ただ残念なことに、お祓いをしても店内の怪異は収まらなかった。

自動ドアは勝手に開き続け、トイレの人影もいなくならなかった。

この店から少し離れた場所に、大きな川が流れている。

店からその川と逆のほうに、もう一本。細い川もあった。

その二本に挟まれた場所に、この店はある。
元々川の氾濫の多い土地で、昔は随分と水害に悩まされたと聞く。
家々は何度も洪水に流され、沢山の人が亡くなった。
そのうち他所から流れてきた人達が住み始める。
現在、周囲には賃貸マンションや店が多く、古くからの住人はこの辺りに少ない。
「ここは土地が既に駄目なんだ」
お祓いをしても駄目。諦めるしかない。
そう思い始めた頃、坂江さんは運よく別の店舗に移動することになった。
簡単に転職という訳にもいかないので内心ほっとした。
その後、店がどうなったかは知らない。

この店は、あの郵便局の近くにある。
敷島さんが勤める、あの郵便局の目と鼻の先に。

郵便局⑤

――敷島さんの話

敷島さんがこの郵便局に配属されてから二年後の春。

総務課の名取さんは他局へ移動となった。

お祓いをしてから死者は出ていない。

名取さんからそう聞いている。

何かあるとすれば敷島さんが転勤してきてから局員が二人、事故に遭ったくらいか。

どちらも車の運転中に、後方から追突された。

その内の一人は、事故後に乳癌が見つかり現在も闘病中だ。

意識してトイレと地下室を避けているからかもしれないが、敷島さんは郵便局内であの男を再び見ていない。


同年八月のお盆休み。部長が田舎へ帰省していった。

彼の御実家は、中国地方の日本海側にある。土曜日、午前中の新幹線で帰省。

実家へ着く前に、昼食を奥様と二人で済ませた。

一度実家へ顔を出すと、その後部長は一人で散髪へ向かった。

戻ってからもこれと言って変わった様子はなかったが、ふと目を離した隙にその姿が見えなくなった。

すぐに戻るだろうと奥様は気にも留めていなかったが、いつになっても帰ってこない。

部長の姿を探しに行った家族が、家の納屋で変わり果てた彼の姿を発見した。

梁(はり)に紐を結び、それで首を吊っていた。

自殺だった。

遺書は見つかっていない。

死ぬために実家に戻ってきたような素振りは、全くなかった。

人当たりがよく、故郷の方言の残った話し方が印象的で大変優しい方だった。

年齢は五十代前半。

部長が死ななければならない理由は、家族にさえ分からなかった。


「――また始まった」

部長の縊死(いし)を経て思う。

祓えた訳ではなかったのだ。

（あそこはいちゃいけない。関わったらいけない気がする）

その後、敷島さんは産休に入った。出産後、続けて育児休暇を取っている。

仕事復帰も考えているが、戻る場所があの郵便局だと思うと決心できない。

「この御時世で、あそこより条件のいいところなどあるだろうか」

戻るべきか、このまま去るか。

育児休暇で休めるギリギリのところまで考えるつもりだ。


名取さんが言っていた。

郵便局にお祓いに来たお坊さんは、問題の地下資料室ではなく廊下を挟んだ向かいにある会議室を気にされていた。

中には机と椅子が並べられているだけで、これと言って変わったところはない。

会議室の奥にはアコーディオンカーテンが設置されている。

その裏にはボイラーと何かが置いてあるらしい。

敷島さんはその会議室の奥を直接見たことはない。

お坊さんはお祓いをするに当たって、会議室の中を見てこう言った。

「――会議室の奥。あそこが一番良くない」

引き金

瑠璃さんは、現在御実家で両親と三人で暮らしている。
数カ月前までそこから離れた地方都市で一人暮らしをしていたが、戻ってきた。
水路の多い街。
地形に恵まれ、昔から災害とは無縁の土地だ。
北は中国山脈、南は瀬戸内海に面している。
観光地ということもあり、交通の不便さは感じない。
県内で一番大きな駅からほど近い場所に実家はある。

彼女は十歳のときに、引っ越しをしている。
以前住んでいた家は老朽化したので、新しい土地に家を建てた。
彼女の先祖は、最初の家のあった辺りに近在では二番目に住み始めた旧家である。
江戸時代には庄屋をしており随分と裕福だったようだ。
それからずっとその土地で代々暮らしてきた。

詳しい経緯は不明だが、先祖はあまり良い死に方をしていない。
牢に入れられた後、首を刎ねられたと聞く。
何をしてそうなったのかは、情報として残っていない。
後年、先祖の魂を鎮めるための祭が行われた。
祭の名前は具体的に分かっているが、調べても詳しい記録が出てこない。
一体どのような内容の祭だったかも不明だ。
その後、家の土地は全て小作人に渡り、最後には財産は何一つ残らなかった。
彼女の父親の代になると、庄屋だった痕跡すら消えている。
それでも生まれ育った最初の家は、子供ながらに何かに守られている感が強かった。

幼い頃の彼女は〈家の扉は、勝手に開くもの〉だと思っていた。
主に室内の扉のことを指す。
「あっ、扉が開く」
少し前に、感覚で分かる。
その直後、静かに扉が開く。
そこには誰もいない。

こういったことが頻繁にあり、それが彼女にとって当たり前になった。
（何故、どうして）とは思わない。
物心付いてからずっと、それが当たり前だったからだ。
ある程度の年齢になるまで、勘違いしたまま過ごした。
母に扉のことを話すと、その都度強く叱られた。
「そんなことは絶対にありません。気のせいです」
父は興味がないのか、特に反応がなかった。
彼女にとって普段はとても優しく、お洒落で着物の似合う自慢の母。
いつもはそこまで厳しい人ではない。
その母がこの件に関してだけは、頑として認めなかった。
否定と嫌悪。
母はこういった話を許せない人だった。

十歳まで暮らした古い家では、他にもこんなことがあった。
瑠璃さんがソファーで横になっているとき。
音もなく、下からスーッと手が伸びてきたことがある。

やけに長く青白い手だ。

その手は瑠璃さんの細い腕を強く掴むと、力いっぱい引っ張った。

ソファーの下へ引きずりこもうとしている。

「えっ、やだ、何」

慌ててその手を払い退けると、腕はソファーの下へ引っ込んだ。

恐る恐るソファーの下を覗いたが、その隙間には誰もいない。

捉まれた腕が痛い。

一人でいることが怖くなり、台所にいる母の元へ走った。

酷く怯えた様子で自分に起きたことを訴えたが、「そんなの気のせいです」と片付けられた。


一日中、耳元でお経が聞こえたこともある。

誰かが彼女のすぐ横で唱えている。

家の何処へ逃げても、お経は止まらない。

他の人には聞こえていないため、信じてもらえなかった。

何度も耳を塞いでみたが、効果はない。

当時一緒に暮らしていた祖母が熱心に家でお経を唱えている人だった。
そのせいかもしれない。
耳元で聞こえるお経の内容が、祖母のそれと同じだった。
駄目元で母に訴えてみたが、やはり「気のせい」の一言で片付けられた。

彼女が七歳のとき。
原因不明の蕁麻疹で大変なことになった。
元々身体が弱かった彼女は本気で「死ぬかもしれない」と思った。
高熱と発疹。
病院に行って薬は貰ってきたが、症状が治まらない。
夜中に布団で横になっていると、何処からか鈴の音が聞こえた。
チリン、チリンと二回。
耳に残る澄んだ音だった。
それから数日して回復した。
その際、母にこのときのことを話してみた。
これも「有り得ません」の一言で終わった。

瑠璃さんには、三つ年の離れた兄がいた。
両親がとても小柄だったこともあり、兄も男性の割に非常に華奢な人だった。
幼い頃、二人は少し特殊な兄妹だった。
二人にしか理解できない共通の何かが存在する。
直接会話しなくてもお互いに伝わる。
言葉に出して話す必要がなかった。

二人は仲良く布団を並べて寝た。
時折朝起きると、二人の寝ている場所が入れ替わることがあった。
彼女が兄の布団に、兄が彼女の布団で寝ている。
夜中にふざけて入れ替わった覚えはない。二人とも寝相はいいほうだ。
家族は二人が最初からそうやって寝たのだと思っている。
幼い二人の秘密に心が躍った。

同じ夢を同時進行で、一緒に見たこともある。

それぞれの目線で夢は展開する。

朝、二人でその話をすることがとても楽しい。

「何だか双子みたい。不思議だね」

仲の良かった二人も、成長するにつれ別々に遊ぶようになる。

それとともに、こういった出来事は自然と減った。


兄は頭の回転が速く、勉強のできる人だった。

地元でも有名な進学校へ難なく通う。

成績はそこでも上位。

見えないところで努力していたのかもしれないが、それを見せない人だった。

両親の期待も大きかったと思う。

卒業後は東京でやりたいことがあったようだが、両親の反対もあり地元の大学へ進んだ。

ギターが趣味で、夢中で弾いていた。

ギタリストは無理でも、趣味を生かせる仕事に就きたかったのかもしれない。

社交的な性格で、いつも周囲に人が絶えない。

お付き合いしていた女性もいた。

兄は偏見のない人で、計算して人と付き合うようなことは絶対にしない。

漫画を読み、一人で過ごすことの多い瑠璃さんとは正反対。

自慢の兄だった。


瑠璃さんが高校二年のとき。

初秋頃だったと記憶している。

はっきりとした日付は覚えていない。

その辺の記憶がやや曖昧だが、海水浴シーズンは確かに終わっていた。


夜遅い時間。

既に運転免許を取得していた兄と交際相手の女性、男友達一人の合計三人で、車に乗って海に遊びに行った。

この辺りでドライブに行くとすれば近場の海。

これが定番スポットだ。

この日の三人は、少し遠出をして市外まで出ることにした。

そこに大きな海水浴場がある。

近くには無数の島もあり、眺めの良い場所だ。

当時はデジタルカメラではなく、安価で手軽に手に入る使い捨てカメラが流行っていた。

兄は事前にそれを購入し、当日持って出かけた。


海は無人で静かだった。

街灯は疎ら。

近くの民家の迷惑にならない程度に、友人達と騒ぐ。

瑠璃さんの兄は砂浜に立つと、暗い海のほうばかりを写真に撮った。


後日、兄は写真店から現像された写真を受け取ってきた。

夜、家族が揃っているときにそれを出してくる。

「見せて、見せて」

瑠璃さんははしゃいでそう言ったが、兄は冴えない顔をした。

「これって、どう思う？」

居間にあるテーブルに、写真を広げる。

撮った本人が首を傾げている。

瑠璃さんも写真を見て、すぐに異変に気が付いた。

「何これ……おかしいね」

気味の悪い写真だった。

写真には見慣れない複数の人物が写りこんでいる。

季節外れの夜の海。

そこに楽しげな人々がいる。

海は無人だったはずなのに。

他には、一枚の写真全体に人の横顔が大きく写っているものがある。

人の顔が複数写ってたものもあった。

どれも別人の顔だ。

他の写真も一枚一枚、丁寧に確認する。

太いボーダーでワンピース風。現代の物より肌の露出の少ないタイプの古い水着を着た女性が写っていた。

他にもお年寄りから子供、複数の男女もいる。

水着姿の人物が圧倒的に多いが、どれもその装いは大正昭和初期を思わせるデザインだ。

さらに言えば、写っている人物の位置関係がおかしい。

後ろに写っている人物のほうが大きい。遠近感が完全に無視されている。

このような写真をわざわざ撮ろうとした訳ではない。

現在のように誰でも簡単にデジタル加工できるような時代ではなかった。

そろそろ夜は肌寒くなり始めた季節である。

水着で海辺にいることは考えにくい。

街灯も少ないため、夜は闇になる。

暗い海に入るのは自殺行為だ。

しかも全ての写真に色味がない。

写っている人も含めて、全てがモノクロだった。

色味のない理由は、夜の海——しかも安いカメラで撮ったせいだと考えた。

使い捨てカメラにフラッシュ機能は付いていたが、期待できる代物ではない。

その割に写っている人物達は、どれも綺麗に撮れている。

位置関係などおかしな点を除けば、海に遊びに来た大勢の家族連れを撮ったように見えるかもしれない。

皆、楽しそうだ。

「やっぱり変だよ、これ」

瑠璃さんは怖いからと、最初に見ただけですぐに目を背けた。
両親は無言だった。
兄も困っていた。
(これは心霊写真の類になるのではないか)
その場の全員が思った。
兄もこんなものを撮ったのは初めてだ。
こんなにはっきりと写るものなのかと驚いた。
このまま手元に置いておくのは不安だ。
そこで兄が後日、お祓いに持っていくと決めた。

兄がどうやって調べたのかは不明だが、何処かの霊能者を見つけてきた。
恐らく口コミの類だと思われる。
霊能者の名前もそのとき聞いたが、覚えていない。
瑠璃さんは怪しい相手だと、やや疑い気味だった。
お祓いには、一緒に海に行った彼女と友人も連れていく。
写真は大きな横顔が写ったものと、特に気味が悪いと感じるものを数枚選んで持っていった。
残りは家に置いていく。
何故全て持っていかなかったのかは、兄にしか分からない。
お祓いから戻ってからは、残りの写真を見かけなかった。
だから瑠理さんは、残った写真は兄がその後全て処分したのだろうと思った。
霊能者が一体、どのようなことをしたのかも聞いていない。兄も話したがらなかった。

あの写真を撮った海のある辺りは、穏やかな気候で近くに無人島が幾つかある。
本州と島は短い橋で繋がっていた。
その島々の一つに、ある感染症の療養所がある。
潜伏期間が長く有効な治療薬がなかった昔は「治らない病気」とされ、恐れられた。
療養所等への強制隔離政策もあり。
症状が進み、重篤になると外見上に変形をもたらし障害が残る。
そのせいで差別と偏見の対象にもなった。
遺伝病ではないが、その疑いも掛けられた。
元々の感染力が弱いことが分かっても、病気に対する理解は深まらなかった。

完治し社会復帰をしても、元患者というだけで差別の影が付いて回る。
療養所のあるその島にいたことを、隠して生きていかねばならなかった。
その悲しい歴史は、地元の人間であれば学び知っている。
最近では随分とイメージも変わり、その辺りも観光地化されている。
写真を撮った場所は、療養所のある島まで直線距離で数キロの場所になる。
明るい時間であれば眺めもよい。
夏には海水浴場になる賑やかな場所。
兄がそこへ行ったのも、今回が初めてではない。瑠璃さんも昔、行ったことがある。
瑠璃さんの中でそこは、昼間でも怖い場所と記憶されている。
だが、何故怖いのかについては、自分でもはっきりとした理由がある訳ではない。
ただ彼女にとって、そういう場所だった。

兄の様子が少しずつ変わり始めたのは、写真を撮ってきてからだ。
何か始めてもすぐに諦める。
物事を簡単に投げ出す人になった。
人一倍頑張り屋だった兄が、いい加減になった。

勉強はもちろん、趣味に至るまで。
大好きだったギターにも、以前ほど触らなくなった。
手に負えないほどではないが、荒れる。
友人達とは仲良くやっているようだが、何処か陰がある。
食事時など、家での様子に変化はなかった。
二人とも年頃になり、子供の頃のように仲良くべったりという関係にはない。
「どうかしたの？」
そんな些細な一言が、どうしても出なかった。

それから数カ月後のバレンタイン前日。
瑠璃さんと兄は些細なことで喧嘩をした。
喧嘩のきっかけが何だったのか思い出せないほどの小さなことだ。
これもよくある兄妹喧嘩で、珍しいことではない。
この喧嘩の後。
兄は一人で何処かに出かけていった。

日付が変わってから、彼女はチョコレート作りを始めた。
キッチンで作業しながら、近くに置いてあるテレビを点けたままにしていた。
途中、テレビの音量が勝手に変わった。
彼女にとってこういったことはよくある。
いつもの些細な出来事の一つ。
このときもさほど気にも留めなかった。
作るチョコレートは三つ。
チョコレートを湯煎で溶かし、型に流す。
これを一つ一つ、作るたびに繰り返した。
「お兄ちゃん、まだ帰ってこないなぁ」
チョコレートを泡だて器でゆっくりとかき混ぜながら、そんなことを思った。
二つ目までの作業が終了した。

三つ目のチョコレートのための湯煎作業に入る。
兄はこの時間になっても戻っていない。
既に日付は変わっていた。

行き先等は聞いていない。

外は冷え切っている。

この時間の外出は珍しくないが、遅くなるなら連絡を入れるか行き先は告げていく。

「喧嘩したこと、もの凄く怒ってるのかな……」

責任を感じるとまではいかないが、兄のことが気になった。


それでも彼女はのんびりと作業を続けた。

チョコレートが完全に溶けた所で、一度泡だて器を突っ込んだままテーブルの上にボウルを置いた。

すぐに泡だて器を取り出そうとしたところ、彼女の動きが止まった。

彼女の目前で、チョコレートが一瞬で固まった。

泡だて器を持つ手に、振動のようなものが伝わってきた。

「何、このビリビリした感じ」

中に入れたままの泡だて器はそのまま取り出せなくなった。

二つ目までは、何の問題もなく型に流し込むところまでできている。

このような固まり方はしていない。

使っている材料も同じはずだ。
「嘘。何これ、有り得ないよ」
何度もひとり言を呟く。
もう一度最初からやってみるしかない。
そのままボウルを再度湯煎にかけると、再びチョコレートはゆっくりと溶けた。
同じように、ボウルを置いてみる。
暫く眺めていたが、先ほどと同じような固まり方はしない。
泡だて器を取り出す。
チョコレートは滑らかなままだ。
ふと、兄のことが脳裏を過ぎる。
時刻を確認する。
時計は午前二時を少し回っていた。
胸騒ぎがする。

その夜、兄は家に戻ってこなかった。

二月十四日

瑠璃さんの自宅から、数キロ北上した位置に三叉路がある。

かなり大きなものだ。

航空写真で確認すると特徴のある造りをしていることが分かる。

その傍らに、大きな賃貸マンションがある。

かつてこの場所には墓地があり、その一部を切り崩して建てられた。

細い道を挟んだすぐ隣には、まだ残りの墓石が並んでいる。

最寄り駅まで直線距離で三、四キロ。

近くには学校や図書館などもある。

静かに暮らすには丁度良い場所だ。

周囲には高さのある建物が並んでいるが、このマンションだけ飛び降り自殺が頻発した。

住人のホステスの飛び降り自殺など。

周辺では「幽霊マンション」と呼ばれ、心霊スポット扱いされていた。

「あそこは何かよくないのでは」

三叉路ができたとき、地元住民の間ではこう囁かれた。

お墓の跡地というせいもある。

生理的にあまり縁起のいい印象は受けないし、三叉路に変わってから交通事故も増えた。

その数は明らかに、他の場所より多い。

年に一度は、死者が出る。

道幅はかなり広く、特別見通しが悪いという訳でもない。

その人身事故の多くは、車の合流する三叉路内ではなく、そこに繋がるマンション前の道で起きた。


「またか」

事故のたびに、人だかりができた。

瑠璃さんはわざわざ見に行くような真似はしなかった。

それでも事故の詳細はよく耳にした。

彼女の実家のすぐ近くに大きな病院がある。

昔は市場だったが、移転後に病院が建てられた。

事故のたびに救急車がよく出入りしていたことを覚えている。

近所の人から聞いた話で、一番強烈だった死亡事故がある。
幼い女の子がトラックに轢かれた。
小さく柔らかい身体はあっという間に車体の下に巻き込まれた。
そのままトラックは少女の内臓をぶちまけながら進み、停まった。
アスファルトが真っ赤に染まる。
女の子は助からなかった。
そのときに供えられた花は、暫くの間絶えなかった。
「お墓があったからだ。三叉路がいけないのでは――」
よくない噂話だけが、延々と残った。

＊　＊　＊

兄が家を出た翌日。
二月十四日、朝七時。
自宅の電話が鳴った。
激しい呼び出し音で、瑠璃さんは目を覚ました。

遅くまでチョコレート作りをしていた彼女は、半分寝ぼけながら何事かと思った。

母親が電話に出る。

暫く無言のままその場に立っていた。

様子がおかしい。

父親を呼ぶ。

代わりに受話器を取った父も、その場で立ち尽くした。

電話の相手は、地元の警察だった。


あの三叉路傍のマンションの下で、兄の遺体が見つかった。

警察は「後ろ向きに倒れていた」という言い方をした。

敷地内にうつ伏せに倒れているのを、マンションの住人が発見した。

亡くなったのは、午前五時頃と推測される。

高さ三十メートルくらいの高さから落下したと警察から聞かされた。

あのマンションの十一階から飛び降りたと思われる。

他の飛び降り自殺のケースでは、落ちてからも生きていて苦しんだ形跡があると警察は言った。

兄にそういった様子はない。

「そうですか。苦しまずに。それだけはよかった」

残された家族は、そう思うしかない。

兄は、恐らく即死だった。


瑠璃さんと喧嘩をして、家を出てからの行動はよく分かっていない。

誰かと連絡を取ったり、会ったりもしていなかった。

彼女がチョコレートを溶かしていたときに、兄はあのマンションにいたのかもしれない。

亡くなったのは午前五時頃ではない気がした。

(本当は午前二時頃なのではないか)

或いはその時間、兄に何かあったのかもしれない。

溶かしていたチョコレートが不自然に固まった時刻が午前二時。それと何か関係があるのではないかと考えたからだ。

今思えば亡くなる前日深夜。

家のテレビの音量が勝手に変わったことも何か意味があったのかもしれない。

それに気付いていたら何か変わっていたのだろうか。

幾ら考えても、兄はもう帰ってこない。
あのときは些細な異変と、気に留めなかったことを後悔する。
どうにかして止められたのではないか。
そんなことばかり、何度も考えた。

マンションの屋上への出入りは禁止されている。
建物自体はオートロックではないため、出入りは容易だ。
最上階が十一階になる。
兄がこれまでも、そこに出入りしていたのかは確認できない。
計画的だったのか、衝動的だったのかも分からない。
事件性はなく、自殺と断定された。
遺書はなし。
自殺する理由は、本人以外分からない。
確かに以前と比べて様子は変わっていたが、前触れのような行動は一切なかった。
瑠璃さんはその後のことを、よく覚えていない。

地元のニュース、新聞関係は全て報道規制をお願いした。

両親が知り合いに頼み、そうしたのだ。

このことだけは小さな救いだった。

その日から彼女の中の兄の時間は、完全に止まった。

兄が亡くなってから、元々小柄な両親の背中がより小さく見えた。

瑠璃さんの前では、淡々と振る舞っているが胸の内は穏やかではない。

いつも無言だったが、小さな背中が少しだけ震えていた。

瑠璃さんも無意識のうちに涙が溢れた。

——まだ数え年で、二十歳。

早過ぎる死だった。


(あの写真のせいじゃないのか)

兄の死から時間が経つにつれ、そんなふうに思うことが何度もあった。

もちろん、自殺の原因が写真であると断言できるほど明確な根拠がある訳ではない。

それでも関係ないと言い切れない自分がいる。

「あの写真を撮ってきてから兄はおかしくなった」

これは確かだ。

あの写真は一体何だったのか。

兄がお祓いに持っていったのは、写りの酷いものだけ。だとすれば残りはまだこの家の中のどこかにあることになる。

しかし、兄が死んでしまったため、写真はもう見つからないだろうと思っていた。

それが再び出てきたのは、兄の死から数カ月経ってからだ。

兄の遺品はまだ手付かず。

それでも両親は、少しずつ整理しようとしていた。

その日、兄の部屋にいた両親が、それを見つけてきた。

両親はすぐにあの写真だと気付いた。

家に在宅していた瑠璃さんの元へ持ってくる。

「やだ、気味が悪い。怖い」

彼女はそれを直接見なかった。

絶対に、あの写真だと分かる。

両親も困惑している。

瑠璃さんは二度と目にしたくなかったので、最後まで確認を拒否した。
確認した両親によると、写っているものは最初に見たときと変わらないとのこと。
複数の水着姿の人物達だ。
楽しそうに写るその姿に、心底寒気がする。
――これを撮った兄は、もう亡くなったのに。
写真を家に置いておくことは怖いが、どうしたらよいか分からない。
ただ処分するだけでは、意味がない気がした。
暫く、家の中の目に付かない場所に保管しておくことになった。
家族は不安な日々を過ごしていた。

そんな頃、お世話になっているお寺の御住職が家にやってきた。
法事などで訪れることもあるが、定期的に挨拶に顔を出してくる。
この辺りでは珍しいことではない。
この日も、いつものように家に顔を出してくれた。
お上人（しょうにん）様。
家族はそう呼んでいる。

この辺りで沢山の方から大変慕われ、人望の厚い方でもあった。
「あの写真のことを相談してみようか」
両親は写真をお上人様に見せることを躊躇っていた。
いきなりあのような写真を見せるのは失礼ではないかと考えた。
それでも自分達ではどうにもできない。
今日を逃せば、また相談し辛くなる。
家族は決断した。

お上人様は、あの写真を見て酷く驚いた。
それが撮られた経緯も説明する。
「これは、随分とはっきり写っていますね」
写真を確認しながら「これはよくない」と小声で呟いた。
死んだ兄のことも幼い頃から可愛がってくれていた。
自殺したことも御存じだ。
残りの写真は供養のためお寺で預かってもらうこととなった。
お上人様の元気な姿を見たのは、これが最期になる。

それから間もなくだ。
お上人様が急死した。
確かに歳は六十を超えた辺りだったが、持病も前触れもなし。
写真を預けたときも、これと言って変わった様子はなかった。
瑠璃さんの兄が亡くなってから、丁度半年後のことだ。
あの写真が撮られてから、まだ一年ほどしか経っていない。
あまりにも急な出来事に、家族全員が衝撃を受けた。
「原因はあの写真ではないか」
写真を撮ってから半年ほどで兄が自殺し、更にその半年後にお上人様も亡くなった。
一年ほどの間に、二人の人間が死んだ。
偶然だとは思えなかった。
だが、預けた写真がその後どうなったのかは分からない。
お上人様はもう供養されたのか、それともお寺の何処かにまだ残っているのか。
全てが闇の中である。
故に、写真に写った人物達について、調べることは不可能だ。

そうなると残るのはあの海しかない。
ただ、このときは積極的に調べる気にはなれなかった。

＊　＊　＊

そうして兄の死からどれほど過ぎただろう。
時が経つにつれ、少しずつ気持ちの整理ができてきた。
それでも瑠璃さんはあの写真のことを、今も忘れてはいない。
時間を見つけては、インターネットであの海を検索した。
記憶を頼りに、海水浴場以外にもキーワードを探して入力する。
ただそれも無駄に終わった。
必ずモニターが真っ白になり、動かなくなる。
故障の類ではないことは分かっている。
調べることを止めると元に戻るからだ。
そのたびに背中に刺さるような視線を感じた。
全身が粟立つ。

相手は複数ではなく、一人。
気配でそう悟った。
あの海を調べる行為に対し、激しい怒りを向けてくる。
振り向いて確認する勇気はない。
自分に、相手のことが見えていることを気付かれたくなかった。
毎回、調べようとするたびに同じ気配が背後に立った。
（……怖い）
真っ白になったモニターを前にすると、素直に諦めたくなる。
無理に先に進めば、何をされるか分からない怖さもある。
彼女はパソコンを使って調べることも、徐々に控えるようになった。

過去には実際にその海の近くまで車を走らせたこともある。
正月頃のことだったので、同行した友人に神社に寄ろうと誘われた。
夏の海水浴シーズンと正月くらいしか人の集まらない寂れた場所だ。
瑠璃さんは初詣にも積極的に足を運ぶタイプではない。
正直あまり興味はなかった。

ただ、件の神社はあの写真の撮られた海水浴場の近くにある。

迷っているうちに、友人の運転する車は現地に着いた。

神社の近くに、ある団体の宗教施設があった。

その土地の雰囲気自体は悪くない。

(こういう施設って、結構いい場所をちゃんと選んで建てるんだよね)

何となく、その施設について手元のスマートホンで検索を掛けた。

地図もその施設の情報も画面に何も出ない。

「全然検索に引っ掛からない……」

そこで気付いた。

検索の住所に、無意識のうちにあの海の名前を入れていた。


現在もそれは変わらない。

誰かにこの一件を、話すときもそうだ。

写真について、携帯電話で軽く話そうとすると相手の声が途切れる。

そして酷く咳込んだ。

瑠璃さんの声が相手に聞こえていないらしく、「もしもし、聞こえないよ」と連呼された。

何か触れてはいけない部分があるようで、その状態のまま通話は切れる。
再度掛け直すが、電波が悪いのか不安定な状態が続く。
（まだ話すのも、駄目なんだ……）
そのたびにそんなことを思う。
あの海には、世に出ている情報以上の何かがあるのかもしれない。
大勢の人々が訪れるあの場所で、兄は一体何に触れたのか。
一つだけ、相手の言いたいことは理解している。
——これ以上、この件には関わるな。

斜線

瑠璃さんは高校卒業後、大学へ進学した。
進学先は実家から離れた地方都市の外れにある。
そこで初めて一人暮らしをすることになった。
住まいは大学のすぐ傍にマンションを借りた。窓から校舎が見える距離だ。
大学のあった敷地は古戦場跡である。
近くには血の付いた槍や刀を洗ったとされる池もあった。
大学の敷地は広く、車で来る生徒の為の専用駐車場も完備されていた。
学内に入ってすぐの場所に位置する駐車場から、校舎まで最短で行ける細い道がある。
住まいの窓からその道が良く見えた。
時々、その道の所に立つ人影がある。鎧を纏い、身体には刀傷。
見かけるたびに、ここがそういう土地なのだと納得するだけで恐怖心は湧かなかった。
敷地、南西の方角にはクラブハウス棟がある。
メイン校舎から外れた位置にあるため、授業の後の移動は少々面倒だった。

そこへ行くのに一本だけ、便利な道がある。

建物の脇を通る抜け道だ。

そこはアスファルトで舗装されていない。そのため、雨が降るたびにぬかるみ、泥だらけになる。

水捌けが悪い道だった。

街灯も設置されておらず、夜間は真っ暗になる。

一人で歩くと少々気味が悪かったが、便利さには勝てない。

クラブハウスには遅い時間帯まで学生が出入りしており、その道を利用する者が多かった。

道の傍には大きな溜め池がある。直径二百メートルほどの人工の池だ。

瑠璃さんがそれを見たのは、大学生活にも随分と慣れた頃だ。

日が暮れてから、クラブハウスに移動した。

抜け道を抜けると、溜め池がよく見えるポイントに出る。校舎から洩れる明かりで、そこがよく見えた。

池の中央に、人が立っている。

和服姿の女性で、腕の中に小さな赤ん坊を抱いていた。

女性は水面の上に立っている。

この溜め池はそんなに浅くない。水の上に立つことは不可能。
すぐに視線を逸らした。
「池の中央にいるなら怖くない。こっちに来なければいい」
それが何かすぐに分かった。必死に見ない振りをする。
学内では同じ人物を目撃した話が多い。不特定多数の生徒がそれを目にしていた。
その池は現在、高速道路建設に伴い埋め立てられて跡形もない。

大学生活はそれなりに楽しかった。
ここに来て見えないものを見る機会が増えたが、思うところはある。
「兄は一度も出てこない」
あの出来事を忘れたことはない。
あれからずっと、何故兄が自殺したのかが頭から離れないでいた。
新しい友人達に兄のことは教えられない。相談もできず、一人で抱え込んだ。
そんな折、友人達に誘われた。
関西に、「見る」ことを商売にしている金石という女性がいる。占い師兼霊能者みたいなものだ。

料金は二千円。さほど高くない。

場所はかなりの山奥である。鑑定料より交通費のほうが心配になった。

電車では不便な場所ということもあり、皆で車に乗って移動する。

(料金も安いし、それくらいなら遊び感覚でいける)。

単純に面白そうだと思った瑠璃さんは、同行することにした。


金石と名乗る女性は、何処にでもいる年配の主婦といった感じで凄みはなかった。むしろ親しみ易い雰囲気だ。

彼女は訊かれたことに対し、早口で一気に話す。

元々話すことが好きなのかもしれない。

その間、質問者は一切口を挟めない。

質問者が必死に金石の言葉を拾っているような感覚だ。

話を大袈裟にしたり、適当なことを言っている感じはない。

友人達は年頃ということもあり、恋愛関係の相談に花を咲かせていた。

(さすがに他の人のいる前で、兄のことは訊けない)

この日は、瑠璃さんも周囲に適当に合わせる。

「彼氏ができるかどうか。いつできるか」

そんなどうでもいいことを訊ねた。

「彼氏はできない」

金石には「彼氏が見えない」。だから、暫くはできないとはっきり言い切られた。

納得できなかった。瑠璃さんは同じ質問を何度も繰り返す。

それを見て友人達が笑った。

終始、女子会のような盛り上がり方をして終わった。


後日。

このとき行った友人の中で、もう一度金石の所へ行こうとしている友達がいると知った。

「大人数で行かないなら、こっそり兄のことが聞けるかもしれない」

前回は聞けなかったが、どうしても試してみたい。

やはり金額が安いことが大きかった。

怪しげなものを売りつけられたりといったこともない。

それでも一人で行く勇気のなかった瑠璃さんは、その友人に同行することにした。

友人は金石に恋愛の相談をしていた。
同行した瑠璃さんは、それを近くで聞いていた。
金石の話し方は相変わらずで、聞かれたことに一気に答える。
友人の件が済んだ所で瑠璃さんの番になった。
「ごめんね。五分でいいから席を外してもらえない？」
彼女は友人に頭を下げ、話の聞こえない場所へ移動してもらった。
兄のことは聞かれたくなかった。

金石には、「亡くなった兄のことを知りたい」とだけ伝えた。
死に方は教えなかった。
またすぐに話し始めると思っていたが、このときの金石は言葉が少ない。
(この人にも兄のことは分からないかな……)
瑠璃さんが諦めかけたとき、金石が妙なことを言った。
「お兄さんは、事故か何か……変な死に方をしているのでは」
金石は〈兄の顔が黒い〉と告げた。

瑠璃さんの心が一瞬乱れる。

（……いや、それくらい想像できる。見えているとは限らない）

何かあるからこういう場所に来て相談する。誘導かもしれない。

「何故兄の顔が黒いのですか」

彼女は、金石に訊ねた。

金石にとってこのようなケースは稀で、どう伝えていいのか迷ったのかもしれない。

一呼吸置いてから、ポツリと言った。

「お兄さんの肩から上――そこに複数の斜線が掛かっていて、どうしても顔が見えない」

そのせいで〈顔が黒い〉と金石は言った。

兄の最期の姿が脳裏を過ぎる。

顔を下にした、うつ伏せの状態で兄は亡くなっていた。

金石の言葉は、ある意味正しい。

これまで言葉の洪水のように喋るのが金石のスタイルだったが、この時は不思議とそれ以上余計なことは語らなかった。

この人は本物なのだなと、素直にそう思う。

「――お気持ちでいいです」

遠慮がちに金石にこう言われ、前回と同じ額を渡した。
その後、金石に会いに行くことはなかった。
結局、兄の死んだ理由は分からなかった。

警告

瑠璃さんは当時、悪夢に悩まされていた。
社会人になって暫く経った頃だ。
夢には必ず中年の男性が出てくる。
木船という人物だ。

彼に初めて会ったのは、七月初旬のこと。
友人に頼まれ、その付き添いで知り合った。
木船は霊能者や拝み屋の類だという。
(それなら私も死んだ兄のことを聞きたい)
瑠璃さんもお願いすることにした。
彼は人と会うときは必ず個室を選ぶ。このときはカラオケボックスだった。
淡いピンクの細いストライプの入ったシャツに、黒のスラックス。
ネクタイはしていなかった。

染めているのだろう。白髪のない黒い髪を、ワックスでさり気なく整えていた。

服装や髪形に随分と気を使っているのが伝わってきた。

お世辞にも二枚目ではなく、腹回りの脂肪が気になる。

年齢は、瑠璃さんより一回り以上は年上だという。

本人は「年齢より見た目が若いとよく言われる」と自慢げだが、年相応だ。

話を合わせるつもりで褒めてみると、随分と嬉しそうだった。

脂性なのか、肌が品のない光り方をしている。ゲラゲラと大きな声で下品に笑う。

横目で彼女の全身を舐めるように何度も見た。

全てが生理的に受け入れられないタイプだった。


木船は副業で『見る』仕事をしていた。

主な顧客は口コミで集めたようだ。

「客には困っていないんだ」

評判は上々とのことだ。

相談をする友人の横で、この人なら兄のことが分かるかもしれないと、一瞬、淡い期待を抱いた。

彼女の番になった。

先に相談の終わっている友人には、席を外してもらった。

木船への報酬は彼女にとって高いと感じる額だ。それでも兄が自殺した理由が分かるなら と思った。

雑談から入り、そっと兄について触れる。

「いつ亡くなったの。どうして死んだの」

こういうとき、見えるのなら聞かなくても分かるのではないかと思っていたが、木船は 当ててこなかった。

自殺だと答える。

「そうなの」

木船からは気のない返事しか返ってこなかった。

話をしながら瑠璃さんは「この人は見えていない」と判断した。

木船の能力が全て嘘かというと、そうではない。

力がない訳ではないが、見えていない。

木船は自分にとって都合の良い答えを作ってくる。伝え方も酷く雑だった。

瑠璃さんの質問に対して答えるとき、彼の背後の辺りが明るく光るのは見えた。

彼女は昔から、うっすらと気の流れを見ることができる。

(彼にそういう力は多少あるの……かな)

ただその力の使い方が全く役に立っていない。思いついたことを言うだけなら、誰でもできるとがっかりした。

「唸っている。獣になっている。死んだ理由は本人も分かっていない」

木船はこう言うが、自殺というキーワードから導き出した言葉としか思えない。木船に兄が見えているとは考えにくかった。

(やっぱりこの人は、自分の主観と思いつきで話しているだけだ)

〈自殺した〉からこんな感じの答えでいいだろう。そんな安易な気持ちが伝わってくる。

見ている間、質問者の意見は絶対に聞かない。

最初から最後まで、全てが強引だ。

彼は話の途中、何度か笑顔を見せた。そのたびに顔が歪む。

特に口元。口角の上がり方が不自然だった。

(この人は嘘を言っている。そういう口の歪み方だ)

他にも兄のことを訊ねたが、全く的外れな答えばかり。

最後には「あなたに生霊が憑いている」と言いだし、彼女の質問とは全く関係ない件を持ち出した。

「仕事はうまくいっているのか。彼氏はいるのか」

よくないことは全部生霊のせいだという。

それを祓ってやると言い、何か呪文を唱えてもらったが効果はよく分からなかった。

「○○しろ」と強く念じられている気がする。

これも一種の呪いのように感じた。

一緒に行った友人は恋愛関係について相談した。

木船は友人の交友関係にある全ての人間の人格を否定し、不安を煽る。

友人を孤立させたいのではと思う。

瑠璃さんに対しても、そんな感じだった。

(――やはりこの人は見えていない)

いつもこうやってお金を貰っているのだろう。

相談者にとって都合のいい答えを言って、相手を喜ばすことにも長けているように思う。

だから安くはない金額でも、客が集まるに違いない。木船の営業トークは素晴らしい。

彼自身も自分に『見る』『祓う』力がないことには、気付いていないのかもしれない。

無意識に相手を騙すことなど、彼には当たり前のことなのだ。

(過去最高の無駄遣いをしてしまった)

お金を支払った後、後悔しか残らなかった。


その後も木船とは、友人の付き添いで二回会った。

幾ら彼女が止めたほうがいいと言っても、友人は聞かなかった。

心配になって付いていったが、何度彼と会っても結果は同じ。悩み事は解決しない。

「君の友人知人達は良くない。生霊を飛ばしている」

会う回数を重ねるごとに、木船の嘘は大きく膨らんでいった。


程なくその友人とは連絡が取れなくなった。

共通の友人達に様子を訊ねてみたが、皆、瑠璃さんと同じように縁を切られたようだ。

その後、木船と友人の縁も切れてしまったようで、二人に関する噂も途絶え何処でどうしているのか全く分からなくなった。

結局、その友人とは完全に絶縁してしまった。

こうなると木船と会うこともない。そう思ったが実際には違った。
彼のほうから、彼女の携帯電話に何度も連絡が入った。
彼女を個人的な飲みに誘ってきたのだ。
「木船は独身だって言っていたけど、まぁ……いいか」
男としてではなく、詐欺師として興味があった。
彼女は彼を信じなかったが、そうでない人達が大勢いる。
(あれだけ信用されるのだから、本当は違うのかもしれない)
自分の見た木船と良い評判。どちらが本当の彼なのか。
人間観察をしてみたくなった。
店で会う分には、二人きりでも安全だとも思った。
瑠璃さんは誘いを承諾した。

店の近くにある駅で待ち合わせてから、移動した。
雑居ビルの中の、何処にでもあるような飲み屋。
木船はいつもここを利用しているのか、慣れていた。

通された部屋は個室。

部屋は狭く、並んで座っているだけで身体の一部が触れそうになる。

瑠璃さんは一瞬で帰りたくなった。

酒が入ると、木船は自分のことばかり話し出した。


彼は最近、ある企業に関係ある家に個人的に出入りしていることを自慢げに語る。

「鈴来の家だ。知っているだろ」

その名前を聞いて瑠璃さんも驚いた。

この辺りで知らない者はいない名家である。家族も親族も、全てがエリートの家だ。

「あの家は俺を裏切らない。どれだけ稼げるか楽しみだ」

彼は副業でこの家に出入りしている。

そんな凄い家の人間でも、こういった見えない世界を信じるのかと思うと少し驚いた。

「あの家の父親が、『お願いします』と俺に頭を下げたんだぞ。凄いだろ」

木船は天下でも取ったかのように、大声で笑った。

鈴来家は、お祓いか何かを彼にお願いしたようだ。

その後も木船は自分がいかに凄い人間であるかを、延々繰り返した。

確かに鈴来家は現在多数の揉め事を抱えている。

近隣でも非常に目立つ家だけに、噂は周囲に漏れていた。

身内の離婚裁判がその一つだ。この件が彼があの家に出入りするきっかけになっている。

木船がそこで具体的に何をしているかは知らない。

彼はそこで月に数十万円は荒稼ぎしていた。

酔った木船は、終始金の話をした。

自分がどれだけ儲けているか。去年より貯金をどれだけ殖やしたか。実際に預金通帳も見せられた。

他にも知り合いの罵詈雑言(ばりぞうごん)を吐いた。

贈られた菓子折りが気に入らない。もっと高い物をよこせ等。人と会って食事をしたとき、自分は一円も出さないことなど当たり前。

「俺様が、わざわざ会ってやっている」

金に汚く、器の小さい男らしい発言だった。

木船は、金以外に女にも汚いようだった。

さり気なく彼女の胸を肘で触る。スカートをそっとめくる。

瑠璃さんが慌てて押さえると、あからさまに嫌な顔をした。

彼女の身体をじっと見る。
何度もホテルに誘われたが、そんなつもりはないと断った。
「ケチだなぁ。それくらい、いいじゃないかよ。小せえなぁ」
木船はわざと彼女に聞こえるように舌打ちをした。
彼女の見た目が彼の好みだったのかもしれない。
次の機会を狙ってなのか、この日は金に汚い木船が自ら会計をした。

その日はこれで済んだが、それからも木船は彼女を誘った。
今思えば二度目ははっきり断るべきだったと思う。
何度目かの誘いで、断り切れなくなり再び会うことになった。
二度目ということもあり、木船の行為はややエスカレートしていた。
「付き合った男の数は何人か。今まで何人とそういうことをしたのか」
具体的な質問を何度も繰り返した。
木船は男性に疎い女性が好みのようだ。困っている瑠璃さんを見て、嬉しそうだ。
彼は「足から気を入れてやる」と言い出した。
強引に迫る。

この日はデニムパンツを穿いていたこともあり、下着を覗かれたりはしないだろうと思った。

渋々、木船の前に足を出す。

彼は手で足を摩（さす）り、鼻を近づけた。

鼻息が荒い。

彼女の足の臭いを必死に嗅いでいた。

上目づかいで舐めるように、じっと彼女のほうを見てから嗤う。

これにはさすがに鳥肌が立った。


木船と会うようになってから、深夜に目を覚ますことが増えた。

夢の中でも木船に迫られる。彼は彼女に対し性的なものを求めてきた。

拒むと、暴力的な言葉をぶつけてくる。

『交わりたい、交わらせろ、や　ら　せ　ろ』

必死に抵抗した。

目が覚めても、木船がそこにいたような気配が漂っている。

寝覚めは最悪だ。

（こんな夢を見るのは、自分のせいなのかな）
無意識にそういった欲望があるのかもしれないと考える。
自分が悪いと責めた。
夢の内容も人に打ち明けにくい。
瑠璃さんは、誰にも相談できず一人で抱え込んだ。

それからも木船は夢に現れた。
性的なことに執着するところは変わらない。
最後まで必死に拒む。
この夜も最悪の気持ちで目が覚めた。
部屋の中はまだ暗い。
時計を見ると、夜明けまであと少し時間があった。
そのとき、部屋の中に人の気配がした。
寝ている彼女の足下に誰かいる。
表情は見えない。身体の細部も同様に暗闇に紛れていた。
雰囲気から男性だと思われる。

男の周囲だけ黒い霧に包まれているようで、何度目を凝らしても黒い人の形にしか見えなかった。

〈木船に近づくな　木船に近づくな　木船に近づくな〉

口調から激しい怒りを感じた。

それが自分に向けられている。

威圧感もあり、動けなかった。

（どうしよう……怖い……）

瑠璃さんは怯えるだけで、精一杯。

それからも度々、夜中に目を覚ますたびに彼女の前に黒い人が現れた。

いつも身体が動かない。

黒い人から言われることはいつも同じだ。

〈木船に近づくな〉

これ以外の余計な言葉は発しなかった。

夢の中では木船に悩まされ、目が覚めれば黒い人に責められる。

彼女は精神的に参ってしまったこともあり、一度実家に帰省することにした。

何となく実家なら安心できる気もした。

たった数日の滞在期間中も木船は夢に現れ続けた。

そしてまた深夜に、目が覚めた。

黒い人が傍らに立っている。

（ああ、ここでもいる。……怖い、怖い、怖い）

目を逸らしたいが、逸らせない。

（何で私がこんな目に――）

そんなふうに思っていると、黒い人の傍らに懐かしい人物を見つけた。

自殺した兄だった。

死んだ当時の年齢と変わらぬ姿でそこに立っている。

〈木船に近づくな　木船に近づくな　木船に近づくな〉

兄も黒い人同様に彼女を叱った。

（自分が何か兄を怒らせることでもしたのだろうか）

何らかの原因で、安らかに眠っていた兄を起こしてしまった。だから怒っているのではないか。

（ごめんなさい。ごめんなさい。ごめんなさい）

瑠璃さんは何度も謝罪した。
後から思えば、これは怒りではなく彼女に対する〈警告〉だった。
このとき、彼女はそれに気付けなかった。

そのときから、目が覚めた後に部屋に現れる人間が増えた。
黒い人の他に、七人の男女が彼女の周囲に立つことがあった。
彼らも〈木船と会うな〉と責める。
ただこの七人が出たときは、決まってその外側にも人が立っていた。
黒い人影の集団だ。
七人の後ろでぼやけており、はっきりとした性別等は判別できない。
彼らは七人の言うこととは逆に〈木船に会え〉と強く勧めた。
こうなると誰の言っていることが正しいのか、分からなくなった。

凶の家

都心の交通量の多い大通りから、細い路地を少し入った場所にその家は建つ。

駅から徒歩数分。周囲にはビルが立ち並び、住宅地という印象はない。

この辺に住むには、賃貸だとしてもそれなりの収入が必要になる。持ち家ともなれば、資産としての価値は相当なものだ。

近くには名の通った神社があり、この家を訪ねる客はそこを目印代わりにする。

家は高い壁で覆われており、路地から見える位置に窓がない。頑丈な造りの入り口は正面にあるが、一目見て玄関だと分かる者は少ない。

全体的に人の侵入を拒む雰囲気を醸し出している。まるで要塞のような家だ。

エレベーター付きの三階建て。外部から見えない位置に作られた中庭もある。

各階の部屋数も一般家庭の比ではない。

瑠璃さんがこの家の長男、鈴来俊哉と初めて会ったのはある年の十月中旬。

大勢の集まる席でのことだ。

彼を初めて見かけたとき、名字を聞いただけですぐにピンときた。

(木船の出入りしている、あの家だ。間違いない)

俊哉も、大手企業に勤務している。

その日、彼が身に付けていた物はどれも落ち着いた色のシンプルなものだったが、気品があった。

一目見てブランド品だと分かる物は持っていないが、上等な服を着ている。

言葉遣いや立ち振る舞いにも、独特の雰囲気があった。

(生まれも育ちも違う、雲の上って感じだなぁ)

瑠璃さんはこのとき、大好きなワインを飲んで上機嫌になっていた。

俊哉は知り合いと思われる数人の参加者と話をするだけで、他の人には近づこうとしない。

自分が何者であるか理解しての行動だと思われる。

この日、瑠璃さんは俊哉とは最後まで直接言葉を交わしていない。

後日、同じような席でまた一緒になったが、このときも特に交流は持たなかった。

したたかに酔っていた彼女は、たまたま隣に座った女性と意気投合した。

瑠璃さんは幼少の頃からよく、予知夢のようなものを見た。

それは謎解き形式になる。

対象となる相手が動物の姿をして出てくる等、非常に分かりにくい内容だという。

〈誰が〉〈いつ〉は分かっても、〈何処で〉〈何をする〉かまでは解けないこともある。

百発百中ではないが、当たるときは鳥肌が立つほどの正確さだった。

瑠璃さんは、名前で人の運気を見ることもできる。これも勢いで話してしまった。

普段は相手から白い目で見られることが多く、話さない。この日は酔っていたこともあり、つい口が滑った。

大抵の場合こんな突拍子もない話を聞かされた相手は、嫌な顔をするか無言になる。これが普通の反応だが、隣席の女性はそんな素振りを見せなかった。

それでつい心を許してしまって、隣席の女性とは連絡先を交換した。

そして、この女性は俊哉の家に仕事で出入りしていた。


この後、女性は鈴来家に仕事で行った際、俊哉に瑠璃さんのことを話したようだ。

そこで俊哉が瑠璃さんに興味を持った。これは異性としてではなく、純粋に瑠璃さんの〈人〉に、そして話題に上がった〈能力〉に対してのものだ。

酒の席でのことはいえ、迂闊（うかつ）に他人に漏らしてしまったことを後悔した。

俊哉は旅行に行く傍ら、全国にある神社や寺を数多く訪れている。仏教関係にも随分と知識があった。他にも幽霊や妖怪の話も好み、そして詳しかった。

「一度、家を見てもらえませんか」

それから暫くして、出入りの女性を介して俊哉のほうから頼まれた。

聞けば鈴来家は今、大変なことに巻き込まれており、家の中の様子がおかしいとの話だった。

木船とこの家の繋がりは知っていたが、そのことは伏せた。これ以上、余計なことを言ってはいけない気がした。

「そういう力はありません。何も見えませんので、行けません」

何度頼まれても期待には応えられない。最初から断る旨を伝える。霊能者紛(まが)いのことはしたくなかった。

「それなら遊びに来てもらう感じで構わない」

彼は引かなかった。

(滅多にいないような成功者の家の中は、どうなっているのだろう)

何度か頼まれるうちに、好奇心が湧いた。

この辺りで一番有名な家族の生活を覗いてみたいと思った。

(相手が来てほしいと言っている。それならいいではないか)

当時の瑠璃さんは仕事の関係で、仏教について学んでいた。俊哉はその話だけでも聞きたいようだ。

「本当に行くだけで、何もできませんよ」

何度も念を押した。

俊哉はそれで構わないと納得し、家に行くことが決まった。

瑠璃さんがこの家を訪れたのは、年が明けて二月初旬になってからだ。

その日の俊哉は比較的明るめの色合いの服装だったが、暗い印象を受けた。雰囲気が黒く重いものに包まれている。

素面で会ってみて気が付いたが、近くに立つと毛が逆立つような感覚を覚えた。

玄関から入ってすぐ、エレベーターで二階に上がった。そこには二十畳はある広いリビングがある。そこから立派な中庭が見えた。

少し休んでから家の中を案内された。

三階も二階と似た雰囲気。どの階も部屋数が多い。

各階に風呂とトイレが完備されていた。数世帯が暮らせるだけの余裕がある。

現在この家で暮らしているのは五人。

俊哉とその御両親。彼の妹と五歳になる姪だ。
彼は未婚だが、妹は結婚している。夫とは昨年春から別居中だ。
玄関のある一階に、家族全員の寝室がそれぞれあった。
(そんな一番人に見せたくないプライベートな空間が、玄関に近い場所にあるなんて)
それが随分と無防備な気がした。
とにかく片付いていない。そのせいで汚い。
これがこの家の中の第一印象だ。
一階から三階にあるどの部屋も段ボール箱が高く積まれていた。
箱の近くに、複数のハンガーラックが置いてある部屋もある。
クリーニングの袋が被せられた状態の衣類がぎっちりと掛けられていた。
段ボール箱の中身も衣類である。
クローゼットや箪笥(たんす)は十分な数があるが使われていなかった。
台所近くの廊下には、白菜と人参が無造作に転がっている。
業者が段ボールに入れて運んできたものを、そのままにしているようだ。
(こんなお金持ちでも、自炊してるんだ。案外庶民と変わらないんだ)
覗くつもりはなかったが、各階の浴室も見せてもらった。

シャンプーなどが乱雑に置かれ、散らかっている。

ところどころに黒いものが見える。恐らく黴だ。部屋や廊下以上に、水回りが気になる。

トイレットペーパーも切れたままになっていた。

台所も生ゴミは片付けているが、薄汚れた感じがする。

俊哉の両親は、一階にある寝室近くの和室で寛いでいる。

どの部屋も豪華で広いが、その和室だけ六畳と狭い。

そこだけは物が溢れておらず、綺麗に整頓されていた。

家の中で唯一まともな空間となっており、両親はそこからほとんど出てこなかった。


瑠璃さんがこの家の中で、一番酷いと感じたのは一階。

玄関から中に入ってすぐ、廊下が歪んで見えた。

やや眩暈（めまい）がする。スリッパに足を入れたとき、思わず壁に手を付いた。

神社などの、入ってはいけないとされる場所に入り込んだような感覚と似ていた。

『〈ちりゅう〉を利用すればいいよ』

そんな声が何処かから聞こえた。

（〈ちりゅう〉って何だろう）

耳で聞いた言葉が、すぐに頭の中で変換できない。暫く経ってから〈ちりゅう〉が〈地龍〉ではないかと思った。

家の中は上階に行くほど、マシな状態になる。

俊哉も一階は気持ちが悪いとぼやいていた。

自分の寝室は使っていないという。

三階のリビングの床に、布団を敷いて寝ていると語っていた。

瑠璃さんも一階には長居できないと思った。


二階は、一階とは違ったおかしさがあった。

瑠璃さんは一通り家の中を案内されてから、二階のリビングに戻った。

来客用の広いリビングの奥の部屋に、仏壇と立派な神棚が置かれている。

その仏壇の傍に光が見える。

人の大きさで二体。神々しい光だった。

その周囲だけ、空気が澄んでいる。

この家を守っている。

そんな印象を受けた。

二階リビングにあるソファーに腰を下ろしてすぐ、無数のお札が目に入った。

壁際の棚の上に、全国各地の祈祷札がずらりと並ぶ。

どれも立派で大きなものだ。

俊哉が撮ってきたのか、色々な神社の写真も飾られている。

彼は一つ一つ丁寧に説明をした。

(こういう話が、本当に好きなんだ)

話の途中、部屋の中で異質なものにも目が留まった。

壁に貼られた複数の紙だった。

A４くらいの大きさのコピー用紙。

白くて薄い、何処にでもある紙だ。そこに筆で五芒星が描かれていた。

その横に、大きな目が描いてある。子供の落書き程度の出来だ。それがじっと彼女のほうを見ている気がして、寒気がした。

他にも魔除けの呪文らしき意味の漢字が書かれたものもある。お世辞にも達筆ではない上、調べれば誰でも書ける程度の呪文だ。それがリビングの全ての壁に、万遍なく貼ってある。

枚数は合計で三十枚ほど。結構な数だ。

何かから守っているという感じはない。製作者の意図を感じる。
(これは、マーキングだ)
魔除けではなく、縄張りを示す張り紙。それ以外に考えられなかった。

そのとき、ふと背後から妙な気配を感じた。
寒気がする。
振り返ると、背後の棚の上に色紙が一枚置いてあった。
そこには朱肉で押された手形と祓いの文字が添えられている。
壁に貼られたものと、筆跡が良く似ていた。
(これもただの落書きと同じだ。魔除けとしては機能してない)
色紙に背を向けていると、やはり寒気がする。
あまりの居心地の悪さにこっそりとその色紙を裏返したが、俊哉が無言で直した。
(何でこんな気持ちの悪い物を置いて平気なの)
今いるリビングから一刻も早く逃げ出したくなった。
「今、裁判が大変で片付かなくて。散らかっていてごめんなさいね」

俊哉と話している途中、彼の両親が一度顔を出してきた。

挨拶代わりに謝罪を受ける。

裁判については瑠璃さんも知っている。

彼の父親の勤務先で起きている訴訟の件だ。訴えられているのは会社側になる。

当時、社会を揺るがす事故があった。その責任と賠償を巡って、父親が重役を務める会社はその存続が危ぶまれるほどの非難批判の矢面にあり、重大な訴訟を幾つも抱えていた。

裁判と聞いて、てっきりその件だと思っていたが違った。

親の言う裁判とは、この場合俊哉の妹の離婚裁判を指す。

好奇心で人様の家を覗きに来るものではないと、酷く後悔した。

妹夫婦の離婚のきっかけは、先にも触れたように俊哉の父親の勤務先で予期せぬ大事故が起きたことだ。

その件で父親が責任を取る事態になり、家の空気が一気に変わった。

妹夫婦はこの家で一緒に暮らしており、それに巻き込まれる形になった。

「自分はお前と結婚して、この家に来たせいで酷い目に遭っている。だから離婚しろ」

事件後、世間体を気にした夫は妹に離婚を切り出した。

突然のことに、妹も家族も困惑した。

夫婦の愛情が冷めていたことは自覚している。

夫は離婚するに当たり、多額の慰謝料を要求してきた。

勤務先は大企業でありそれなりの地位に就いている。お金には困っていないはずだが、貰えるものは貰おうという魂胆らしい。

もちろん、妹に非はない。

当然、慰謝料の支払いは拒否した。


当時、家には夫の母親である義母も一緒に暮らしていた。

義父は既に亡くなっている。

部屋数に余裕はあるが、同居に関して前向きではない。

はっきりと拒絶しなかったのが悪かったのか、義母は転がり込むように家にやってきた。

義母が家に来てから、よく家の中の物がなくなった。

俊哉の母親の宝石等。

高価で小さいもの、又はなくなってもすぐに気付きにくい物がよく消えた。

家の警備にはお金を掛けている。

外部からの侵入は難しく、その線は考えにくい。

義母の仕業だと家の誰もが思ったが証拠がなかった。

金額も騒ぐほどではない。警察に届け出て騒ぎにするのは避けたいと、皆黙っていた。

問題は他にもある。

夫が娘に対し、すぐに手を上げる。躾（しつけ）にしては少々行き過ぎた感があった。徐々に回数が増える。妹が止めても聞かない。

痣（あざ）になるようなことはなかったが、それは家庭内暴力（DV）と言っても過言ではないものであった。

そうした事情から、妹のほうも離婚そのものに対しては賛成だった。

夫は離婚を切り出してすぐに、義母を連れて家から出ていった。

夫婦は別居状態となった。

何としても多額の慰謝料は払いたくない。

それから随分と揉めたせいで裁判になった。

家の最寄り駅前には、大きな交差点がある。

そこから家の建つ方向をじっと見つめている男が目撃されるようになった。

別居している夫だ。

幼い娘とは会わせていないし、養育費も貰っていない。

義母と家を後にしてから、離れた場所で暮らしているはずだ。そもそも平日の昼間にそんな所にいるほど暇な人ではなかった。

「何でいるの」

大勢の人が信号待ちをしているその先頭に立っている。

(気付かれたくない。もう話したくもない)

妹は、怖くなって一度家に戻ることにした。

少し歩いてから、気になり振り返る。

そこにはもう夫の姿はなかった。

そんなことが何度か続いた。

他の家族も同様に妹のを目撃している。

じっと家のある方向を見ているだけ。これはいつも変わらない。

直接文句を言ってやろうと思ったが、そういうときに限って夫の姿はない。

電話で抗議を入れると「見間違いを俺のせいにするな」と逆に責められた。

離婚問題の辺りから、この家に対し次々と問題が発生した。

父親の会社の件が、自宅で暮らす家族にまで飛び火してきたのだ。
（いつも誰かがこの家を恨んでいる）
どんな些細な噂話も気になり、そのことが家全体に暗い影を落とし始める。
離婚裁判は相変わらずで決着が付かない。
この辺りから鈴来家は、おかしな方向に走り始めた。
室内でのちょっとした物音にも敏感になった。
「バキッ」という、何かが割れるか裂けるのにも似た音が時折響いた。
「誰かの生霊が襲いに来た。そうに違いない」
そのたびに俊哉と妹は酷く怯えた。
実際に瑠璃さんの滞在時にも、家の中でよく音が聞こえた。
些細な音だが、具体的に何が鳴っているのか彼女にも分からなかった。
瑠璃さんからすればそんな音より、壁の張り紙のほうがずっと気味が悪い。
俊哉の思い込みが却って悪いものを引き寄せている気がする。
幾ら「気のせいだ」と言っても、彼は聞かなかった。
過去に彼の勤務先で、火災報知機の誤作動があった。
同日、彼の勤務先最寄りの駅でボヤ騒ぎが起きた。

彼は家に戻り、このことをニュースで知った。

「これは自分のせいに違いない」

こうやって自らを追い込む。

俊哉はこのボヤ騒ぎも生霊のせいだと断言した。


彼の幼少時代にも、暗い影がある。

今も良く食べる割には細身ではあるが、健康体だ。

幼少期の俊哉は虚弱体質で、とにかくよく寝込む子供だった。

長男でもある彼を両親は気に掛け、厄を他に移す儀式を行った。

これをいつ、何処で、どのような形で行ったかは不明。

人型を用意したのは確かだ。

本名とは異なる仮の名前を用意。

仮の名前を人形に書き込み、厄を移した。

この儀式の後から寝込むことも減り、現在に至る。

儀式に用いた仮の名前を俊哉は随分と気に入っていた。

ハンドルネームなど、本名を名乗りたくない場合に現在も使用している。

「厄を移すために用意した名前を、今も使うのはどうなのか」

そんな疑問を瑠璃さんは感じた。

恐らく俊哉の神仏に対する考えの根はここにある。

彼とこの家の神頼みはここから始まっている気がした。


この家は親戚縁者とも関わることを避け、もう何年も孤立している。

これだけの成功を収めれば、人の恨みも買い易い。

東日本大震災後、特にそれが酷くなった。

あの年、この家の中の何かが大きく変わった。

「誰かが常に生霊を飛ばしてくる」

「自分は世間から嫌われている」

この家の中で、特に俊哉とその妹が強くそう信じている。

「一人だけ、我々に呪いを掛けている人物は分かっている」

俊哉が言う。恐らくこれは別れた妹の夫のことだ。

彼の中で、これだけはそうに違いないと答えは出ていた。

「向こうはこちらの生年月日も、顔も、住所も、全部知っている」

——だから、厄介だ。

俊哉が吐き捨てるように言った。

不愉快な日々の出来事を何かに付けて呪いのせいにするようになってから、家には霊能者の類が出入りするようになった。

昔から、そういった目に見えない力に縋ってきたところがある。

俊哉の話では、以前は女性霊能者が一人、出入りしていた。

水晶玉を三つ使用して仕事をする。

ただその女性は、足の怪我が原因でこの家に来られなくなった。

女性が去ると、次に木船がこの家に入り込む。

時期的に、妹の離婚裁判が混迷を極めていた頃だ。

彼があの張り紙等を描いて貼った張本人だ。

俊哉と妹は木船を先生と呼ぶ。

年内で終わる予定だった裁判は、木船がやってきても長引いた。

瑠璃さんが初めてこの家を訪ねた二月頃は、丁度その真っ最中だった。

その後、随分経ってから離婚裁判は鈴来家の望む形で収まっている。

喜ばしい結果に終わったことから、俊哉と妹は木船に入れ込み始めた。

「先生のお陰で助かったに違いない」

裁判が長引いたことなど、都合の悪いことは二人の記憶から消去されているようだ。

両親は霊能者の類は一切信じていないが、口出しもしない。

金銭には、余裕がある。

裁判後も何か些細な出来事のたびに、木船が家に呼ばれた。

報酬として多額の金が流れても、両親は彼に傾倒する息子達を見ているだけだった。

同じ家で一緒に暮らす俊哉の幼い姪は、昔から少し〈見えて〉いたらしい。

妹は娘のその力を強く信じている。

姪は木船が出入りするようになってから、彼と同じことを言うようになった。

「だから先生は正しい」

俊哉と妹は、ますます木船に依存した。

それからの鈴来家は、どんな些細なことでも彼を頼るようになった。


離婚裁判は片付いていても、他の揉め事は今も燻（くすぶ）っている。

この家の状況を見る限り、木船の力程度では守り切れていないことは素人目にも明白だ。

瑠璃さんの見立てでは、以前出入りしていた女性はそれなりに仕事ができていたのではと推測する。

木船が手を入れた場所ほど、逆に禍々しくなっている。

彼の仕事は確実に逆効果なのではないかと思った。

この辺りから木船の周囲で、病人が増えた。

彼自身も良く体調を崩した。

仕事上のトラブルも外部に漏れ始めている。

鈴来家にもその情報は入っているが、都合の悪いことは信じない。

木船も口がうまい。余計な情報を鈴来家に入れず、何かあれば都合のいいことをでっち上げ否定した。

仕事を取られまいと、同業者の出入りも徹底的に阻止した。


鈴来家の古い先祖はここから南西部にある田舎で暮らしていたと聞く。

そこでは年老いて働けなくなった者を山に捨ててくる風習があったとされている。

弱い者や働けない者を殺す、口減らしもそうだ。ただこれは民話や伝承として残っているだけだ。そうした話自体も珍しいものではない。

鈴来の出自となった田舎町での伝承に関しても、実際にはなかったと周知されている。

俊哉も最初はそう言っていた。

ただ、彼個人としての考えは違うようだ。

「うちの先祖は、本当にそれをやっていたと思いますよ」

話の最後のほうで確かにそう言った。

何か含みのある言い方だった。


この話はそこで終わっていて、先がない。

瑠璃さんは「家を見る」というきっかけで訪ねたが、あまり役に立てないまま帰路に就いた。

（あの家の家長であるお父さん、あの人は守りが強い）

もし父親がいなくなったとき、あの家は――。

俊哉とはその後、一度だけ大勢の集まる席であったが挨拶も交わさなかった。

どういう訳だか、あれほど執心だった俊哉のほうが瑠璃さんを避け始めたようだった。

後日、あの家について調べてみたが妙な話ばかりが溢れていた。どれも噂話の域を出ないが、一つ大きな事件が引っ掛かった。

あの家族は、まだ何かを隠している気がする。

恐らくあの家の業は、もっと深い。

(自分達は呪われている。そう思い込むだけの何かをこの家族はしてきたんだ)

この家とは積極的に関わるべきではない。

瑠璃さんは、そう考えた。

悪言

鈴来家を訪ねた後の話になる。

瑠璃さんは妙なことに気が付いた。

インターネット上でやり取りしていた知り合いが、一気に減った。全て一度は実際に会ったことのある人達だ。

それ以外にも、連絡が取れない知人がいる。

メールを送っても返信がない。

前日まで他愛のないやり取りをしていた相手が急にこちらを無視するようになった。

「何か気に障るようなことでもしたのかな」

何度考えても思い当たるようなことはしていない。

何故だろうと思っている間に、いなくなる人数が増えた。

さすがに心配になる。

そこでおかしな話を知人から聞かされた。

〈瑠璃さんが鈴来の家に生霊を送っている。
あの家の周りを徘徊している。
邪眼で周囲の人間も騙した。
裁判が長引くのも、家の内外が揉めるのも全部彼女のせい〉

こんな怪しい話が、瑠璃さんの知り合いの間で囁かれていたのだ。
話の出所は木船だった。
そして、縁の切れた知人達は全て木船と繋がりがあった。
彼女が鈴来家を訪ねたことを、木船は人伝で知っている。
彼の本音を知る彼女は、あの家にとって都合の悪い存在だったに違いない。
「私が鈴来家を呪っている。そんな怪しい話を、まともな大人が簡単に信じるのか」
そこが不思議だったが、木船は表と裏の顔を完璧に使い分けている。
木船を誠実な人だと信じていた人々は、ぽつりぽつりと瑠璃さんの前から消えていた。

この辺りから、彼女の夢の内容が変化した。
『全部お前が悪い。全部お前のせいだ　お前が　お前が　お前が』

夢に現れる木船からは、性的に交わることを要求されるのではなく、一方的に責められることが増えた。

以前よりも激しく叱咤される。

彼は何が悪いのか、具体的な理由は言わない。

以前のような性的なものは一切なくなり、ただ彼女を責めるのが目的になった。

この頃から木船の夢を見ると決まって、黒い人ではなく知らない女性が部屋に出るようになった。

無表情で、作り物のような人。

生気がない。

小柄で、雰囲気が瑠璃さんと似ている。

(木船は離婚歴があるから、元奥さんかな)

それにしては随分と若い。

木船より一回り以上年下の女性だ。

瑠璃さんに嫉妬して——といった感じもない。

ただ横になっている瑠璃さんの傍に、じっと立っていた。

女性は木船と一緒に、夢の中にも現れるようになった。

『何処かに行け』

木船が女性に対しこう言えば、何処かへ消える。彼の操り人形のようだった。

夢の中で、木船が椅子に腰かけていたことがある。

その膝の上に、あの女性がちょこんと座っていた。

木船が大きな人形を抱いているようで、気味が悪い。

女性は夢の中でも全く言葉を発しなかった。


瑠璃さんは責められ続けたことで、眠ることが怖くなった。

眠れば夢で木船に責められ、起きれば　あの女性がいる。

徐々に精神的に追い込まれた。

弱気になると、去っていった知人達のことが気になり始めた。

(きっと好き勝手に、私についての嫌な噂を広げているのではないか)

それが一体、何処まで、どんなふうに伝わっているのかと心配になった。

そこから感染するように、全てが良くないことになっているのではないか——と疑心暗鬼に陥った。

抱えている仕事にも支障を来し始める。

原因不明の蕁麻疹にも悩まされた。

それからすぐに、木船が随分前に再婚していたことを知った。

独身というのは、最初から嘘だった。

「横に立っていた女の人は、今の奥さんだ」

瑠璃さんは奥さんと見た目や雰囲気が良く似ているらしい。

奥さんと実際に会ったことのある人物から、そう教えられた。

「見た目が好みだったから、しつこく誘ってきたのかもしれないね」


その後、木船からは直接連絡はなかった。

これに関しては、安堵している。

もう声も聞きたくなかった。

関係の途絶えた知人達とは、残念ながら音信不通のままだ。

「木船を妄信している人達に何を言っても、どうせ分かってもらえない」

無理に連絡を取ろうとは考えないようにした。

誤解を解く気力もない。

幸い、そうではないと理解して励ましてくれる友人もいる。

彼女はもう、この件を諦めた。

それから暫くして、これまでとは全く違った夢を見た。

木船は出てこない。

その代わり、知らない人物が立っていた。

高貴な雰囲気の人で、光の塊のようだった。

少し強い口調でこう言う。

『新しい靴を手に入れる。もっと早く手に入れられたのに――』

〈何故もっと早くそうしなかったのか〉と怒っている。

目が覚めても夢の意味が分からない。

思い当たることがあるとすれば、最近知り合った友人と食事に行った。その人に、木船の件を相談したことくらいだ。

（それが新しい靴なの……？）

謎解きのような夢だった。

この夢から目が覚めた直後。

部屋に広がる白檀（びゃくだん）の香りに驚いた。

品のいい線香の香りだ。

何事かと思ったが、香りの元は見当たらない。

部屋に線香は置いていなかった。

外に出かけても、いい香りが漂っている。

同じ白檀だ。

すれ違う誰かの香りではないのかと、何度も鼻を利かせたが分からない。

時折、杖か棒のようなものを持った人物が視界の隅を横切る。

怖くはない。

誰かは分からないが、何とも高貴な存在であるように感じられた。

何が起こったのか理解できないが、妙な安心感が残った。


この辺りから、夢の中に出てくる木船の様子が変わった。

『全部お前が悪い。全部お前のせいだ。お前が　お前が　お前が』

彼女を一方的に責めてくるところは変わらない。

『お前が悪い』というのは、鈴来家へ行ったことか。それとも彼女と一線を越えることができず、美味しい思いができなかったことがまだ悔しいのか。

恐らく、そのどちらかだろう。
このときの木船に、以前のような勢いはなかった。
強引さもない。
夢の後に目が覚めても、奥さんは枕元に立たなくなった。
以前のような怖さは消えた。
木船の最後の足掻きのように思える。
（ああ、この人はもう終わっている）
そんな気がした。
また時折、期限のようなものが頭に浮かぶようになった。
〈十二月から六カ月〉
この十二月というのは、先のことではなく過去を指すと思われる。
既に過ぎた十二月から六カ月後。それが丁度、今だった。
これまでのことがやっと終わる気がする。
実際、それから仕事や体調面など物事がゆっくりと良い方向へ動き出した。
酷かった蕁麻疹も消えた。
これを機に、瑠璃さんは一度実家へ戻り、生活を立て直すことを決意した。

全てをリセットしたかった。

後になって、気付いたことがある。
恐らく、最初に警告に来た黒い人影。
兄と一緒に怒っていた人物は、お坊さんだったと思う。
何処の誰かは、調べようもない。

その後、夢に木船は現れなくなった。

狐の恩返し

紅水さんが耳の異変に気付いたのは、年末のことだ。


少し前に知り合いの木船という男から飲みに誘われた。

彼女よりかなり年上で、恋愛対象として考えるのは難しい。

木船は親しみ易いキャラクターを演じ、それが成功し好感度は高いはずだと自負しているようだが、友達になれる気もしない。

こちらの気持ちを汲み取れないタチなのか、何度断ってもしつこく誘ってきた。

どう考えても気乗りしない。

それでも仕事の関係もあって断れなくなり、出かけることになった。


繁華街の何処にでもあるような飲み屋の狭い個室に入る。

店を指定してきたのは、木船のほうだ。

何故この店を選んだかは、すぐに分かった。

横並びの堀炬燵(ごたつ)席。

精一杯離れても、肘が当たる距離だった。

ビールを頼んですぐに、木船の態度が一変した。

終始下品な話を聞かされる。

内容は主にセクハラに当たるもので、不愉快極まりない。

話の途中で何度も身体を触ってくる。

胸も掴まれたし、足も触られた。

鳥肌が立ち、露骨に嫌な顔をしてみせた。拒否する言葉も吐いた。

「だから彼氏ができないんだよ。ケチだなぁ」

まるで「触ってやってる」といった口調に、腹が立った。

話の中で木船は、何度も自分は独身であると強調した。

確かに彼は随分前に一度離婚しているようだが、何か隠している気がした。

最後にホテルに誘われたが、逃げるように家に戻った。

それ以来、疲れが取れない。

あの日の帰り道、少し寒かったせいで風邪を引いたのかもしれない。

そのまま体調を崩し、数日寝込んだ。
熱はないようだが、耳の調子がよくない。
病院へ行くと、中耳炎と診断された。
きちんと治療はしているのだが症状が長引く。
年が明けても一向に治らない。
特に片方の耳の聞こえが悪かった。

週末。
特に予定もなかったことから、家で大人しく過ごすことにした。
気分が冴えない。
耳が聞こえにくいことがストレスにもなった。
ソファーで横になり、適当に雑誌の頁をめくる。
途中、少しウトウトとしたがすぐに目が覚めた。
そのとき、部屋に見慣れないものがいることに気が付いた。
最初は犬かと思った。
大きさと形状が似ていた。

横になったままじっと見つめる。
「ああ、これは犬じゃない。狐だ」
それは片耳のもげた狐だった。
色は青銅。
質感も生き物というより、銅像に近い。
ずっしりとした重量感もある。
こんなものを見るのは初めてだ。
狐は部屋に座ったまま、鳴き始めた。
『逃げてきた。助けてくれ』
直接頭に言葉が入ってくる。
狐が話したことに驚くより、意味が分からない気持ちが先行した。
何処から逃げてきて、何から助けろというのか。
紅水さんにはさっぱり見当が付かない。
そこで彼女の口から思わぬ言葉が出た。
「上に頼んでみよう」
彼女は狐の頼みに対し、こう答えた。

後になり何度考えても、このとき何故そんなことを言ってしまったのか、自分でも理解できない。

このときは、こうするのが一番良いと直感したのだ。

この言葉を聞いた狐は、一度姿を消した。

何処かへ去ったようだ。

解決したならそれでよい。そう考えていると先ほどの狐が戻ってきた。

もげていた片耳が元通りに治っている。

狐は『無事に逃げることができた』と言った。

『お礼をしたいから、そこで少し待て』

狐は彼女にそう言った。

(何のお礼だか……)

助けたという実感は全くない。

寝ぼけている訳でも幻を見ている訳でもないが、何故狐とこんなやり取りをしているのか。

自分の頭が変になったのかと思うと、可笑しくなった。

狐は紅水さんに『待つように』と伝えると再び姿を消したが、それから一時間も経たないうちに戻ってきた。

口に何か小さなものを咥えている。

それをぽいっと彼女の前に放り投げた。

「何だろう。これ」

床に置かれたそれをじっと眺めた。

肌色の小さな物体。

妙な形状をしている。

(何処かで見慣れているような……)

少し考えてから、それが人の耳だと気が付いた。

しかもそれは自分の耳だ。

当たり前に見慣れた物だが、それだけ単体で出されると案外気付かない。

思わず驚いて、言葉にならない小さな悲鳴が出た。

どうやらこれが狐のお礼らしい。

『返した』

彼女に耳を渡し終えると、狐は二度と現れなかった。

この出来事の後。

あれほど酷かった中耳炎は、すぐに完治した。


それから一カ月ほど経った頃のことだ。

木船と再会した。

酒の席ということもあり、木船は相変わらずだった。

ただそこで妙な話を聞いた。

木船が仕事で出入りしている家がある。

『鈴来』という。

その家の名前くらいは紅水さんでも知っている。

全国的に名を知られた大企業の重役を務める名門だと聞く。

鈴来の家長の勤務先である大企業のほうは多くの訴訟を抱えているが、重役はその責任を取る気がない――世間ではそんなふうに噂されていた。

近在では有名な一族だが、そのこともあってこの家に良いイメージを持つ者はあまり多くない。

木船はその家と何か個人的な取引をしているようで、随分と大金を手に入れている。

「あの家の家長が俺に頭を下げた。あの大企業の重役が、だ。どうだ、凄いだろう」

鈴来の人間は、ちょっとした物音にも怯え暮らしている、と聞く。

あまりにも良くないことが続いたせいだ。

木船は、客先の秘密であろう仕事内容を、彼女に自慢した。

彼の語る話の中に、気になることがあった。


木船が鈴来家に行った際。

彼は、家長の名代である長男の俊哉に訊ねた。

「遠くに親戚はいませんか?」

俊哉は、「四国のほうにいる」と答える。

木船は「それだ」と断言した。

「その親戚が、お金欲しさにこの家を呪っているんですよ」

俊哉の妹を一人の女としても狙っている。そうやって財産を奪う気だ。挙げ句に狐を使って、この家を攻撃しているのだ、と。

木船は俊哉に、それが災いの原因だと説明した。

もちろん、鈴来家の者は実際には誰一人として狐など見ていない。

「いると言われたのだから、いるに違いない。その狐が祟っているんだ」

何かのせいにしたことで安心したのか、俊哉は木船の言葉を鵜呑みにした。

木船は「狐を祓うには犬だ」と断言した。

もちろん、根拠など説明しない。

そもそもこの家に本当に狐が祟っているのかも怪しいが、自信に満ちた木船の断定的な宣言に疑義を差し挟める者など、鈴来の家には一人もいなかった。

木船は、ある神社のお守りを指定し、それを家に置くように命じた。

鈴来家から随分と距離のある山の上にある、大きな神社。

そこに行ってお守りを貰ってくれれば助かるという。

俊哉は指定された山にある神社を訪ね、お守りを手に入れた。

そして、それを自宅二階にあるリビングに祀った。

たったこれだけのことで、木船の懐に大金が入った。


(狐？　生霊？　何それ)

鈴来家の者達がそんな怪しげな話をこんな下品な男に吹き込まれ、真に受けたことに紅水さんは驚いた。

酔った木船が繰り返し自慢していた。何度聞いても怪しすぎる。

ただ、紅水さんの脳裏にあの青銅の狐のことが浮かぶ。

鈴来家が木船に言われるがままにお守りを買って狐を祓った——とされる一連の流れは、紅水さんが中耳炎に悩まされていた時期と重なる。

（あの狐の逃げ出した場所は、もしかして……）

鈴来家の近くには、古く大きな稲荷がある。

名の通った稲荷だ。

その稲荷に鈴来家の人間もお参りしたことがあるはずだ。

（本当は、そこから来た狐じゃないの）

祟りにきたのではなく、呼ばれてきた。そして追い出された。

紅水さんには、恩のある狐が悪いものだとは思えない。

木船の言う狐が本当にいたとしても、追い返すのは逆効果としか考えられなかった。

その家はその後どうなっているのかと言えば、新たな揉め事が次々に増え続け、そして何一つ解決していない。

聖なる歌声

クリスマスの時期だった。

鈴来家では、毎年大きなクリスマスツリーをリビングに飾る。

高さは俊哉の背丈より大きく、飾りつけも凝ったものだ。

彼が自宅に一人でいたときのこと。

ソファーに座りクリスマスツリーのほうを眺めていると、誰かがツリーの向こうに立っていた。

家族の者は出かけており不在。

何者かは知らないが、ツリーの下から足だけが覗いている。

悪い者だとは思わなかった。

「ああ、そうだ。せっかくだから讃美歌を聞かせてあげよう」

クリスマスの客人をもてなそうと思った。

ソファーから立ち上がり、姿勢を整える。

俊哉の母親がクリスチャンだったこともあり、幼い頃から慣れ親しんできた曲。

それを一人、その場で歌い上げた。
自分でも素晴らしい歌声だったと思う。
歌い終わると、その人はいなくなっていた。
「喜んでくれたに違いない」
一人、自分の歌声で救ってあげられた。
俊哉はそんな気分になって満足だった。

クリスマスツリーの下から見えた足は、色白だった。
何か白い物を履いていたか、裸足だったのかはよく覚えていない。
――白く、細い足。
何故怖くないのか。讃美歌を歌う気になったのか。
俊哉は自分を特別視しているところがある。
神社に行くと、そこの神様がやってくる。
つい先だっても、勤務中に何かが背後に忍び寄ってきた。
「最近行った神社の神様に違いない」
九州の、蛇に関連した場所だ。

振り向かなくても分かる。だから確認はしない。
般若心経を唱えると、来たものが上に〈上がる〉。
（自分が上げてやったんだ）
尊い行いができた。
また時間を見つけて神社を回ろうと思う。
彼の家には大量のお守りやお札がある。旅行のたびに増えていったものだ。
（きっと家を守ってくれているに違いない）
俊哉は「自分が神様を招いている。それができる」と信じている。

共通点

五十鈴さんは、木船という男からキーホルダーを買った。

数種類の石が組まれたものだ。

パッと見て石のランクが随分と低いことが分かる。

人工石も混ざっていて、造りは安っぽい。

その割に値段設定は高め。

彼のキーホルダーは色々とありがたい効能をもたらすものだという評判を聞いて、五十鈴さん自身が望んだもの故に、「要らない」とは言いにくい。

結局、断れずに買った。買ったからには元を取らねばという下心も働いて、それを絶えず身に付けるようになった。


それからだ。

体調を崩した。

熱と咳。風邪の症状とよく似ていた。症状は何度もぶり返す。

身体だけは丈夫な五十鈴さんにしては、珍しいことだった。

目の下も赤く爛れた。

痛みも痒みもないが、消えない。

両目の下に添って、赤いものがくっきりと残る。

メイクで隠せば目立たないが、乾燥すると徐々に皮が剥けて困った。目の下にゴミが付いているようで汚く見える。そのせいで一日中患部が気になった。

食事や化粧品にも注意したが、改善しない。

原因の分からないまま、それは三カ月もの間、消えなかった。


それが治ると、今度は女性特有の辛い症状に悩まされた。

日常生活に支障は来さないが、自然治癒はない。

放っておけば慢性化するだけだ。

そのため、産婦人科のお世話になった。

適切な治療を受ければ症状もすぐに落ち着く。完治まで二週間ほどだと医者にも言われた。確かにその通りだった。

安心したのも束の間、すぐに再発した。

結局半年ほど病院通いする羽目になった。

再発の確率は確かに高いと聞いている。

ただあまりにも短期間で繰り返すなら、別の病気が隠れている可能性が高くなる。

一度きちんと検査してもらおうか迷っているとき、ふと思った。

「このキーホルダーが来てから、ずっと体調が良くない」

キーホルダーを用意してくれた木船には申し訳ないと思ったが、生活で何か変わったことがあるとすればこれだけだ。

(気のせいかもしれないけど……)

知り合いのお寺の御住職に頼んで預かってもらうことにした。

キーホルダーを手放してから、もう一度病院へ行った。

その治療から症状がピタリと納まった。

それ以降、一年が過ぎても再発はしなかった。


あのキーホルダーを預けたとき、御住職が妙なことを言っていた。

キーホルダーは白い封筒に入れて渡した。

御住職が封筒の中身をそっと確認する。

「随分と酷い石ですね。これは人工石。これは……」

一つ一つ確認してもらったが、どれもゴミ同然の価値しかなかった。

値段に見合った価値のある石は、やはり使われていなかった。

御住職の言う「酷い」の意味はそれだけではない。

「――これ、このまま持っていると、死にますよ」

小声で言ったその言葉が忘れられなかった。


このキーホルダーを渡されたのは、実は五十鈴さんだけではなかった。

一人は女性、一人は男性。

それぞれが、木船のキーホルダーを身に付けていた。


五十鈴さんが自分のキーホルダーを手放す少し前、女性は急死していた。

さほど親しい間柄ではないが、木船を介してしばしば話題に上がる女性だった。

その人のＳＮＳのアカウントを辿ってみたところ、亡くなる数時間前まで元気だった。

事件性はなかったようだが、彼女の具体的な死因は分からない。

女性の死から間を置かず、男性も急死している。

こちらは五十鈴さんと直接の面識がある人物で、病死だった。元々持病はあったようだが、直接の死因となった病因は持病とは異なるらしい。

この方自身は、木船とは直接の面識はない。

が、木船のキーホルダーを持っていた。

これは他でもない五十鈴さん自身が、木船に頼まれて断り切れず男性に渡したものだ。

木船からは「ずっと家に置いておくように」と言い含められていたが、男性の急死後、遺族は件の預かり物をすぐに手放している。

が、奇妙なことに預かり物を手放して程なく、残された家族に奇跡に近い大きな幸運が舞い込んだ。

五十鈴さんと死んだ二人の共通点は、キーホルダーを身に着けていた、ということだ。

木船の作った、あのキーホルダーを。

本書の実話怪談記事は、恐怖箱 死縁怪談のために新たに取材されたものなどを中心に構成されています。快く取材に応じていただいた方々、体験談を提供していただいた方々に感謝の意を述べるとともに、本書の作成に関わられた関係者各位の無事をお祈り申し上げます。

あなたの体験談をお待ちしています
http://www.chokowa.com/cgi/toukou/

恐怖箱公式サイト
http://www.kyofubako.com/

恐怖箱 死縁怪談

2017年4月5日　初版第1刷発行

著　橘 百花
総合監修　加藤 一

装丁　橋元浩明（sowhat.Inc）
発行人　後藤明信
発行所　株式会社　竹書房
〒102-0072　東京都千代田区飯田橋2-7-3
電話 03-3264-1576（代表）
電話 03-3234-6208（編集）
http://www.takeshobo.co.jp
印刷所　中央精版印刷株式会社

定価はカバーに表示しています。
落丁・乱丁本は当社までお問い合わせ下さい。

ISBN978-4-8019-1036-2 C0176